领导与执行的三字真言：稳、准、狠

领导要稳
执行要狠

钱智贤◎著

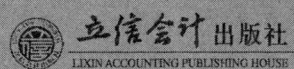
立信会计出版社
LIXIN ACCOUNTING PUBLISHING HOUSE

图书在版编目（CIP）数据

领导要稳 执行要狠/钱智贤著. -- 上海：立信
会计出版社，2016.2
（去梯言）
ISBN 978-7-5429-4858-8

Ⅰ.①领… Ⅱ.①钱… Ⅲ.①企业管理
Ⅳ.①F270

中国版本图书馆CIP数据核字(2015)第311740号

策划编辑　蔡伟莉
责任编辑　蔡伟莉
封面设计　久品轩

领导要稳　执行要狠

出版发行	立信会计出版社		
地　　址	上海市中山西路2230号	邮政编码	200235
电　　话	（021）64411389	传　　真	（021）64411325
网　　址	www.lixinaph.com	电子邮箱	lxaph@sh163.net
网上书店	www.shlx.net	电　　话	（021）64411071
经　　销	各地新华书店		

印　　刷	固安县保利达印务有限公司		
开　　本	720毫米×1000毫米	1/16	
印　　张	16.25	插　　页	1
字　　数	215千字		
版　　次	2016年2月第1版		
印　　次	2018年7月第5次		
书　　号	ISBN 978-7-5429-4858-8/F		
定　　价	36.00元		

前　言

　　著名管理培训大师吴甘霖说过这样一句话："执行不到位，等于没执行；执行不到位，不如不执行。"在这20个字里，执行是题眼，到位是目的；言外之意也延伸涵盖了思想认识是关键，执行力度是灵魂的重要性。

　　如何提高执行力，是企业家和管理者关心的问题之一。"工欲善其事，必先利其器。"这句话的寓意是：要想使事情或事物达到满意的效果，必须要事先计划出确保达到效果的措施。要制度的执行和责任到位，光靠自觉是不行的，必须用制度规范来保证。这就需要执行要到位。

　　执行要到位意味着什么？我们可以从下面这个故事中得到答案。

　　在一个周末的下午，总裁把退伍军人叫到自己的办公室。对他说："我这个周末要出去参加我的妹妹的婚礼，麻烦你帮我买一件礼物，是在一个礼品店里的一只非常精美的蓝花瓶。"他把写有地址的卡片交给了退伍军人。退伍军人接到任务后，郑重地承诺："我保证完成任务！"

　　然而，当退伍军人按着卡片上的地址走了很长时间来到了目的地，却发现，这里根本没有老板描述的那家礼品店，更没有蓝花瓶。

　　因为他向老板承诺：保证完成任务。所以，接下来他要做的事就是第一时间给老板打电话确认一下礼品店地址是否正确，但是老板的电话却打不通。

　　怎么办？时间一分一秒地过去，这位退伍军人并没有犹豫不决，而是迅速做出决定：自己沿街寻找礼品店，买到礼物。很快，他终于找到了老板所描述的那家店，透过橱窗，他看到了那只精美的蓝花瓶。谁知，这一次又给了他失望的打击，当他欣喜地飞奔过去，发现店门已锁。

　　好不容易找到的店却已经关门，实在令人泄气。但是，退伍军人没有这样去想，他始终记得自己向老板的承诺：保证完成任务。

　　于是，他接下来要做的事是给这家店经理打电话。可是得到的回复却是："我在度假，不营业。"

1

　　怎么办？情急之下，退伍军人想，无论如何，也要拿到那只蓝花瓶。于是，他再一次拨通该店经理的电话，说道："我以自己的性命和一个军人的名誉担保，我一定要拿到那只蓝花瓶，因为我向我的老板承诺过，我一定要完成任务，请您帮帮我！"经理被他感动了，派人打开商店的门，把蓝花瓶卖给了他。

　　退伍军人拿到了蓝花瓶，非常开心地往回走。但这个时候，老板的火车却已经开了。

　　于是，这位退伍军人立即给他过去的战友打电话，告诉他自己需要租用一架私人飞机，然后他乘驾飞机追赶老板，终于在老板乘坐的火车的下一站迎头赶上。

　　他来到老板的车厢，将蓝花瓶小心翼翼地放到老板的面前，说："总裁，这是您要的蓝花瓶，给您妹妹带好，祝您旅途愉快。"

　　老板看了看退伍军人，认真地说："谢谢你帮我买的礼物，你完成了任务，我向你表示感谢。其实，这是我们出的一个关于选择领导者的蓝花瓶测试。在以往的测试中，大多数人都没有完成任务，很多人因为地址是假的、店铺关门、电话无法接通等理由而放弃，还有的人虽然拿到了花瓶，却是用了打碎橱窗的办法，结果因违反公司的道德规范而未被录用。而只有你出色地完成了任务，所有这些困难都没有阻碍你完成任务的决心，你没有失信承诺。现在我代表董事会正式任命你为本公司远东地区的领导者。"

　　这个故事说明，执行起来并不难，执行到位才是难得的。

　　《领导要稳　执行要狠》是一本帮助你实现自我突破、提升执行力的实战宝典。全书从执行理念、战略决策、制度流程、绩效考核、团队建设、责任纪律、沟通、激励、创新等方面，对执行的意义和重要性作出了详细的阐述，强调了执行在管理过程中的作用和内涵，同时探讨并提供了提升管理者和员工执行力的基本思路及妙招，为读者提供了具体而实际的帮助和指导。

　　执行为何如此重要？执行不到位，问题在于管理者还是员工？怎样设计工作目标才能提高执行力？究竟如何做才能建立高效的执行体系？对于这些问题，书中将给你详尽的解答。通过阅读本书，您将深刻领会执行的精髓，掌握执行的锦囊妙计，在管理过程中执行有方、执行有力，全速提升自我及员工的执行力，打造高绩效的执行团队，从而提升整个企业的竞争实力。

目　录

第一章　制度为准绳：

从“口号管理”到“照规矩办事”

怎样管理不听话的员工？

管理者"上有政策"，员工却"下有对策"，该怎么办？

制度很完善，口号很响亮，执行结果和实施效果却不尽如人意，应当如何改变这一管理窘境？

将制度落实到位是制度由理想到现实的重要环节，制度的执行好坏往往受到执行者主观因素的影响和制约，严格按制度办事，减少 不利于制度执行的各种因素，是解决制度难执行这一难题的有效方法。

没有制度就没有执行

在解放军队伍里，任何命令、条例和法规都能得到很好的执行，解放军强而有力的执行力是建立在良好的组织制度基础上的，没有制度的支持，执行力便得不到保障。

一切行动听指挥，不仅靠觉悟、靠常识，更要靠制度。没有一个保证能够"一切行动听指挥"的制度，是不可能建立起能够执行的体系和文化的。

有些企业组织经常出现无制度而想有制度，当有了制度却又难以执行的怪病，这样造成企业运转无序，效率低下。其原因就在于领导者不能在制度面前痛下决心，在执行中带有"人情味"。一个有"人情味"的制度，是肯定管不好人，也管不好事的。

许多组织善于制定制度，却不善于执行制度。再好的制度，如果执行不力，或在执行过程中走了样，都毫无意义。某些规章制度虽长，可如果不执行、不推敲、不研究，长也是白长。一项好的制度没有人去贯彻落实，那么这个好的政策与废纸没有什么区别。即使一部存在缺陷的规章，如果有人认真地执行，有人不断地发现问题，有人不断地完善，垃圾也会成为宝物。

关于制度的建立与执行的矛盾，在现实中比比皆是。有了好的制度，并不意味着操控了一切，也并不意味着其能将所有人都能管好。在所谓现代企业制度最健全的美国，一些大公司的制度涉及公司治理及管人的方方面面，甚至对封装一罐润滑油需要几滴焊蜡都有规定。可管理制度那么完善，经营理念那么先进的美国企业，问题依旧层出不穷，不仅出现了安然事件，还出现了世通丑闻。在我国，也有这样一件真实的事情，某家城市商业银行在1997年时，因为内部管理和制度建设相对完善，所以另一家城市商业银行到该行进行了学习。几年以后，学习经验的银行大踏步地前进，被学习的银行却发展不大。于是被学习的银行也决定到先前向他们学习的银行去考察。可到了那个银行，考察的结果令人大跌眼镜，那家发展得比他们快的银行，采取的内部管理办法和规章制度居然是1997年从他们那里移植过去的。唯一不同的是，他们辛辛苦苦制定的政策，自己没有遵照执行；而那家向他们取经的银行，却一一贯彻执行了。

有了好的制度，只是成功的基础，如果在执行中被曲解或执行不力，必定会成为一项空的、无用的制度。况且，由于历史、环境、思维等因素的局限，一部看似完美的政策在发展过程中难免会出现漏洞，也难免与客观实际脱节。如果没有畅通的渠道反馈意见、没有人对政策的缺陷进行修补，在发展速度一日千里的今天，一部制度再好也不会对企业起到长期的管理作用。

制定政策的通常是少数决策阶层的人，执行政策的人却涉及方方面面。制定一部政策，需要广博的知识和严密的思维。可执行一项制度时会遇到什么样的问题，会经历什么样的困难，会遇到什么样的变化……谁都无法预料。

每项政策、每条制度都要由人来制定，更要由人来执行。可见，所有管理，都必须体现以人为本的核心，也只有这样的制度，才能治理好企业，才能管理好企业中的人。

制度有了，怎么抓落实

很多时候，企业费了很大的精力制定和完善了规章制度，却往往忽视了在执行过程中存在的一些问题，现实情况往往是企业的制度只是象征性地"贴"在了墙上，却忽视了它应该发挥的作用，员工视而不见，制度并没有真正落实到执行中去，制度成了一种名副其实的摆设，最终导致制度执行力习惯性流产。如何让制度从墙上走下来，确保在执行过程中落实执行到位，领导者应抓好以下几个方面的工作。

1. 制度必须从墙上"走"下来，不能形同虚设

要保证制度切实在工作的每一个环节、工序、细节上发挥作用。制度执行所能达到的某种效果、深度和广度，从某种意义上来说与领导者的重视程度、执行力度是密不可分的。因为部门领导是推动制度执行的贯彻者、执行者和监督者，只有他们从思想意识上认识和重视制度，并身体力行地垂范执行，才能够有说服力地带动职工，推动制度的纵深化执行，充分发挥制度在工作中的指导、规范和制约作用。同时，制度也是衡量工作的一把标尺，工作的程序、标准要靠制度来规范和指导。

日本丰田公司严细全员质量管理制度，它所倡导和突出的重点和中心就是制度执行力。它要求员工要不打折扣地执行公司制定的所有质量制度，即便是某一制度存在质量欠缺、标准差别或其他方面的问题，在未确定修改前也必须毫无条件地、僵化地执行。无条件、百分百地执行使得丰田公司的全员质量管理制度走在了世界同行业的前列。

2. 制定出制度，就必须不打折扣地贯彻执行并坚定落实

麦当劳就是因为像铁一般地执行制度，从而诠释和树立了为顾客完美服务的口碑。麦当劳的制度非常严格，如坚持用100的纯牛肉；所有原料供应来源必须符合国际标准；并要通过40多项指标的严格检测；炸出来的薯条在保温箱中摆放的时间超过7分钟就必须扔掉……正是这些看似微不足道的服务细节，铸就了麦当劳帝国经营不衰的神话。

3. 提高制度执行力，不能局限于做的过程，更要注重执行结果

关键落脚点在做好，落实执行到位。在实际中，制度执行到位，不仅拘泥在"执行"两个字上，执行到位，就必须对执行过程和结果完全负责。没有过程的执行是纸上谈兵和自欺欺人；反过来，没有结果的执行，就是白费力气。所以，做每一件工作或事情时，都要刻意培养和建立逆向结果导向思维，从结果倒推过程。即执行之前，先要设定达到什么目的和效果，并且确保执行到位需要做哪些准备和工作，这是至关重要的。只有以结果思维引导和控制行为，才能确保制度的执行。

总之，管理者和执行者只要做到了上述几点，并在制度执行过程中善于、勤于动脑分析，精于用逻辑分析执行中存在的问题，及时应对和解决问题，那么制度的执行到位就不会再是问题。

一流的制度在于一流的执行

综观当今企业，员工在工作中不按制度办事的情形不在少数。虽然有许多公司制度制定得比较完善，并把制度编制成册，或经常把制度性的标语贴在外面，但是在制度的执行过程中往往就变了样，成了"上有政策，下有对策"。

一家媒体曾针对"上班干私事"这一问题做过一个调查。

通过对235名员工进行的随机调查，发现大部分员工上班时间"干私事"。上班时间不干正事达到了调查人数90%以上的比例，大部分员工上班时间干多种"私事"，其中上网私人聊天和上网闲逛所占比例最高，达86%，做其他事情（如出去走走等）占60%，玩游戏和煲电话粥则分别占到了40%和33%，兼职则占到了7%。

同时，调查显示，在8小时内用于"干私事"的时间为20~30分钟的人数最多，1~3小时人数占调查总数的20%，占用时间最多的为3小时以上，占调查人数比例的11。另外，有15.55%的员工认为，办公室干私事的时间视情况而定。

调查中发现，许多普通员工将上班时间用于上网私人聊天、浏览与工作无关网站的方式最多，此外还有玩游戏、煲电话粥、上网炒股、兼职、利用工作餐时间请客等多种方式。而在白领阶层，上班时间在办公室"干私事"已成为一股风气。

白领林小姐是东莞一家银行的管理人员，她平时除了做自己的本职工作外，还有另外一份工作，就是在网上开一家小店，专门给一些白领提供网购服务。林小姐告诉调查者，网上开店是一件需要花大量时间的事情，需要到别的网站上去挑选适合自己店的东西，同时还要说服别人购买自己店里的物品，有时候说服一个客人要花上一两小时的时间。因此林小姐一上班就挂在网上，空闲的时候就上网浏览新鲜的东西，或者是和看上自己店里东西的顾客聊天，讲价钱，这部分的"私事"往往会花掉林小姐大量的工作时间。林小姐还告诉调查者，像她这样在网上开店的人不少，一般都是工作比较轻松，时间比较多的白领，另外，林小姐还告诉调查者，上网聊天这种事情就更不用说了，大家都明目张胆地聊，只有老板在场的时候才会稍微收敛一些。

在一家广告公司工作的李先生告诉调查者，现在上班时间上网聊天已经成为一种风气了，禁也禁不了，而且很多时候上网也和工作有关，像李先生的工作就与网络有关，必须上网，李先生认为，浏览新闻是必需的，联系客户的时候也需要聊天。

调查者在调查中同时发现，几乎所有公司对办公室"干私事"都明令禁止，可为什么"干私事"的情况还这么严重呢？一位肖小姐告诉调查者，公司虽然有明文规定，而且还有一些硬性措施：如在电话上面贴上"私人聊天不超过1分钟"的字条；请人把公司的QQ端口给禁止了。但是"上有政策，下有对策"，只要老板看不到，电话照打不误，老板也没办法分出你是私事还是公事，封了QQ，还有YY、旺旺等其他软件可以上网聊天。而因为工作需要上网，又不能把公司的网线给断了，因此到最后导致公司的规定形同虚设……

这个调查应该引起所有员工的重视。制度是员工个人成长的平台。有些员工没有认识到制度的重要性，他们以为规章、制度等规范都只是企业为了约束、管理员工的需要，对此他们往往持排斥的态度，表面上遵守，内心深处则是一百个不愿意，在没有监督的情况下，则"上有政策，下有对策"，做出一些违背公司规章制度的事情。

员工要习惯在制度下工作，这是一种职业纪律，更是一种职业技巧，企业常常会通过制度安排把资源和荣誉给予那些模范执行公司规章的员工，如果你与制度格格不入，那么你是难以得到企业的认可的。

　　企业的活力来源于各级员工良好的职业精神面貌，崇高的职业道德。在残酷的商业竞争中，企业需要营造员工自觉执行纪律的文化氛围，需要建立严格的制度和规范，这些制度和规范需要员工去配合执行，这是任何一家企业都不可动摇的铁的纪律。同时，自觉执行企业纪律也是一个员工最优秀的职业精神。作为领导者，应当努力让员工做到以制度为准绳，不折不扣地完成工作指标，坚决摒弃"上有政策，下有对策"的错误行为，强化自身的执行力。

领导要做执行制度的模范

　　一个企业，制度能不能得到彻底执行，领导者是关键因素。

　　领导是决策者，应该有执行制度时的严肃性和主动性意识，而不应该超越制度、凌驾于制度之上。那样，既破坏了民主，也亵渎了制度，使制度成为某些人随意搓揉的面团，使大家丧失对领导干部的信任。因为领导执行制度时有了例外，也就会有人进行模仿，出现一批在执行制度时的例外。为何我们在办事时，不是凭制度、凭规章，而首先想到找熟人、托关系？这实际上也昭示了制度大可放在一边，通过找关系或找熟人把不能办成的事办成的不正常现象的存在。这种领导干部在执行制度时的例外，具有破坏性的示范和教唆作用。

　　执行制度时，不能有任何借口。领导干部不能抛开制度打招呼、批条子，更不能借口特殊贡献、招商引资等理由而为某些违规行为开绿灯。领导嘴上要求严格执行制度，但一旦碰到特殊情况，就借口说某某对我们有贡献、某某是上级领导，以后在资金、项目上能够多多关照我们。上级凭什么在执行制度时可以随意而"自由"？难道奖金的下拨和项目的确定，就是个别人说了算吗？这不是在执行制度时有了例外，让个别人享有特权了吗？制度执行一旦有了例外，在执行制度时就有了空隙可钻，正如大堤一旦有了缺口，那就非常危险了。

　　一些人在面对禁酒令时，往往以招商引资借口应对；面对某些不良商人贷款时，以扶持企业借口应对；违规审批项目时，以发展经济借口应对；领导违规配公车，以特殊接待借口应对；等等。这些现象的出现都是因为在执行制度时有了例外。而有了特权就有了不公平；有了不公平，群众就会产生不满；群众不满意，生活就不幸福，社会也就不能和谐；社会不和谐也就会出现不稳定的因素。因此，不稳定因素往往就在这些例外中慢慢发酵，然后爆发，这不能不引起我们各级领导的重视和警惕。

有了小的方面的例外，就会有大的方面的借口。一些领导干部就从小开始，先是为熟人开后门，办些小事，再到为亲朋好友提拔任用拍板；从为他人介绍点小业务，到直接插手工程，收受贿赂，这些无不是从执行制度有例外开始。也正是因为有某些领导的这种"带头"精神，社会上就形成了凡事要找关系、托后门的不良风气。况且，执行制度的例外，也不是普通群众能"例外"得起来的。即使想例外，也得找领导或权力部门才能行得通，这当中就难免滋生腐败了！

因此，应该倡导在制度面前人人平等的精神，执行制度时，无论谁都不应该有特权和例外。领导不仅要在执行制度上做表率，还要在全社会营造严格执行制度的氛围，让大家做执行制度的模范，做执行制度的监督者。

告诉员工：执行没有任何借口

寻找借口是执行乏力的表现。找借口可以说是最容易办到的事情了，一名员工如果不想执行纪律，总能找出各种各样的理由。作为管理者，要消除员工凡事爱找借口的习惯，首先要搞清员工找借口的内在原因。

每一个借口的背后，都隐藏着丰富的潜台词，借口的主要表现形式无外乎以下几种。

（1）最近我很忙，我会尽快去做的。找借口的一个直接后果就是容易让人养成拖延的坏习惯。通过仔细观察，我们很容易就会发现在每个公司里都存在着这样的员工：他们每天看起来忙忙碌碌，似乎尽职尽责了，但是，他们把本应一个小时完成的工作变得需要半天的时间甚至更多。

（2）我以前没做过这种工作。寻找借口的人往往是那种因循守旧的人，他们缺乏一种创新精神和自动自发工作的能力，因此，期望他们在工作中做出创造性的成绩是徒劳的。借口会让他们躺在以前的经验、规则和思维惯性上舒服地睡大觉。

（3）这不是我的责任范围。许多人在寻找借口的时候总是把"不""不是""没有"等否定词与"我"紧密联系在一起，其潜在意思就是"这事与我无关"，不愿承担责任，把本应自己承担的责任推卸给别人。在一个团队中，是不应该把"我"与"别人"区分得太明显的。一个没有责任感的员工，也不可能获得同事的信任和支持，更不可能得到上司的信赖和尊重。

（4）竞争对手太强了，我们赶不上他们。当一个人为不思进取寻找借口时，往往会这样来说。借口给人带来的不利后果是让人消极颓废，如果养成了寻找借口的习惯，当遇到困难和挫折时，就不会积极地去想办法克服，而是去找各种各样的借口。其潜台词就是"我不行""我不可能"，这种消极心态将剥夺个人成功的机会，最终让人一事无成。

（5）我没有足够的经验和技能来完成这项工作。这种说法其实是在为自己因能力或经验不足而造成的失误寻找借口，这样做显然是非常不明智的。借口只能让人逃避一时，却不可能让人逃避一世。

优秀的管理者是不需要在工作中寻找任何借口的，因为他们总是把每一项工作尽力做到超出自己的预期，最大限度地挖掘自己的潜能；他们总是采取积极的行动，而不是寻找各种借口推诿；总是出色地完成公司安排给自己的任务，替公司解决问题；总是尽全力配合同事和下属的工作，对同事及下属提出的帮助请求，从不找任何借口推托或延迟。

20世纪80年代，中国女排一度成了中国精神的象征。而提起中国女排，不能不提到的一个人物就是郎平。

郎平是中国女排的主攻手。因为郎平的技术一流，所以她平时在自己做完训练后，还会主动关心和帮助其他队员。

有一次，郎平做完自己的练习了，就主动留下来帮队友补课。可能是因为太累了，她不像自己训练时那样到位。

但是，教练袁伟民对她的扣球尺度把得很严，不断地让她练了一次又一次，甚至后来还被罚多做几组。郎平又气又累，委屈地抹起眼泪。

本来是好心帮助队友训练，不仅没有受到表扬，反而还要受到教练的训斥。这真是太不公平了！但教练并不为眼泪所动。

冷静之后，郎平想通了，充分认识到不论是自己训练还是帮助队员训练，都没有任何借口"打折扣"。为了在强手如林的世界排球赛中夺得金牌，就一定要以最高的标准来要求队员，要求自己。

郎平抹掉眼泪，重新调整了状态，全身心地投入到训练中，终于完成了一节高质量的训练课。

借口解决不了问题。在企业中，结果往往比过程更重要。如果为自己没能按时完成任务做出各种自我安慰，会给别人留下一种推卸责任的印象。

那么，我们怎样才能够做到拒绝一切借口呢？

（1）专注用心的工作。做好工作的前提条件是对所做的工作要专注用心，在具体实施工作任务时，先把心思集中到如何快速、高效地完成任务上来。

（2）进行团队协作。在一个组织中，每一个人的工作都不是孤立进行的，要想出色地完成上司交代的工作，必然要依靠团队协作，协同团队成员共同前进。

（3）注重速度。执行效果的一个重要衡量标准是行动的速度，因为速度现在已经成为决定成败的关键因素之一。当然，快与慢是相对的，快速执行并不是要求你为了完成目标而不计后果，更不能只是为了追求速度就降低工作质量。员工的快速执行首先要建立在强大的思维能力的基础之上。

制定制度执行的依据和程序

制定管理制度的主要依据有以下三个方面。

（1）实际生产力水平，即要把生产经营的具体情况和条件作为制定管理制度最重要的依据。同时还应考虑随着科学技术的发展而带来的生产力发展。制定的管理制度要切合实际，既反映出生产过程的客观规律，又反映生产力发展的客观要求。

（2）成功的经验和失败的教训。成功的经验（包括企业内部的和企业外部的）用制度加以肯定，让人们照着做；失败的教训（包括企业内部的和外部的）用制度加以否定，禁止人们重蹈覆辙，保证事故不再重演。

（3）国家的方针、政策、法令、法规。管理制度既反映生产过程的客观规律，又适应生产关系的客观要求。因此，制定管理制度，必须以国家的方针、政策、法令、法规为依据，使制定的制度符合国家有关法令法规。

制定管理制度的过程，是领导同员工相结合，反复进行调查研究的过程；是总结本企业的经验，总结历史的经验与学习成功企业的先进经验，探索企业管理的新方法，提高管理水平的过程；同时也是从员工中来，到员工中去，发动员工进行自我教育，参加民主管理，提高企业素质的过程。制定规章制度应该遵循的基本程序是：

调查——分析——起草；

讨论——修改——会签；

审定——试行——修订——全面推行。

也就是说，管理制度的制定，要经过充分调查、认真研究，才能起稿。草稿形成以后，要发到有关职能部门的基层单位反复讨论，斟词酌句，慎密修改，并经过有关部门会签和领导审定，然后在小范围内试行检验。对试行中暴露出的问题和破绽，要认真进行修改。重要的规章制度，还要提交总经理或者董事会通过。只有遵循上述基本程序，制定出的管理制度才能切合实际，才能具有权威性和合法性，才能顺利地贯彻执行。

改革不合理的管理制度

企业制度是指一个企业制定的要求企业全体成员共同遵守的办事规程或行动准则，良好的企业制度对企业发展起着巨大的作用，而不合理的企业制度不但在企业里造成管理混乱的现象，而且直接影响到企业的可持续发展。

如果制度本身不合理，缺少针对性和可行性，执行起来就会遇到诸多困难。许多企业往往用一些条文来约束员工的行为，通过各种考核制度来达到改善企业管理的目的，但是制度本身不合理限制了企业的发展。

制度本身的目的是为了更好地规范管理，建立健康有效的管理机制，而一旦成了不合理的束缚，就会导致员工敷衍了事。

有这样一家国有企业，企业制度制定得非常不合理。比如，当承包一项工程项目时，项目经理对成本控制得无论是好还是坏都无所谓。因为赢利了上缴，对项目经理除了名誉上的奖励以外，物质上没有任何奖励，一旦工程亏损，也没有任何惩罚措施。结果很明显，大部分工程处于绝对亏损状态，只有少数工程刚刚持平。当企业的规定流于形式时，好的、合理的制度受到牵连，使得企业中许多良好的制度最终都没有执行，结果人人都在混事，有本事员工的一个个都离开企业另谋发展，企业的经营状况一天不如一天。如果领导还看不到问题的严重性，还不采取相应的措施，那么这家企业破产是迟早的事情。

制度不合理对一个企业的影响是重大的，它会导致执行力不够，这直接关系到企业的成功与发展，因此，企业首先改革的应当是不合理的制度。

1. 制度不严谨危害执行

管理者出台管理制度时不严谨，没有经过认真的论证就仓促出台，经常性的朝令夕改，让员工无所适从。导致最后真有了好的制度、规定出台时也得不到有效的执行。解决这种问题可以从正反两个方面入手：一是选其首恶，找一个能够引起他人警觉的人，杀鸡儆猴；二是树立正面的典型，通常的做法是大力鼓励表彰先进等，通过范例告诉大家公司的意图，以改变执行者的意识。

深圳华为公司老总任正非有个非常有名的理论：在引进新管理体系时，要先僵化，后优化，再固化。这几个字用他在一次公司干部会上所讲的话作为解释最合适不过了：5年之内不允许你们进行幼稚创新，顾问们说什么，用什么方法，即使认为他们不合理，也不允许你们动；5年以后，把人家的系统用好了，我可以授权你们进行局部的改动；至于进行结构性改动，那是10年之后的事；只有严谨的制度，才能促成华为如今强大坚毅的执行力。正是因为这种对制度的尊重和始终如一的贯彻，才创造了华为的春天。

2. 制度不合理阻碍执行

制度本身不合理，缺少针对性和可行性，或过于烦琐都不利于执行。经常遇到一些企业企图通过各种报表的填写来约束员工的行为，或通过各种考核制度企图达到改善企业执行力的目的，但往往是事与愿违。

企业每制定一个制度就是给执行者头上戴了一个紧箍，也进一步增加了执行者内心的逆反心理。最后导致员工敷衍了事，使企业的规定流于形式。说不定连有些本来很好的规定也受到了牵连。所以企业在设计相关的制度和规定时一定要本着这样一个原则：就是所有的制度和规定都是为了帮助员工更好地工作的，是提供方便而不是为了约束，是为了规范其行为而不是一种负担。制定制度时一定要实用，有针对性。比如公司要建立正规的咨询业务的工作流程，虽然我们在家里能想出一套方案来，但如果通过请教其他正规的咨询公司的人员，则可能会做出比我们自己设想的要更合理的工做流程。再通俗一点，要想练好健美，必须请专业的健美教练才行。

国内的企业中，许多制度之所以得不到执行，是因为制度本身缺乏人情味或不够合理，从而导致无法执行。比如，国内企业规定8：00上班，管理严格的企业规定，迟到一次就重罚或者迟到三次就开除，这看似管理严格，但不适应中国的国情：一方面中国的员工职业心态还不到位，别的企业管理得不那么严，自己的企业管理得太严，对员工来说这本身就是一种付出，需要相应的成本回报；另一方面，中国的交通不确定因素太多，谁知道今天会不会交通堵塞，不可能每天都提前一个小时动身去公司。这样一来，最后变成制度刚开始严格执行几天，以后就是总经理想起来就抓一下，想不起来就放任自流了，久而久之公司的制度都变成了纸上谈兵。而在真正管理得好的公司，管理制度就人性化一些，但执行得相当严格。还是以作息管理为例，有的公司就规定，如果9：00上班，9：15分以前到公司的，一个月三次以内不算迟到，第四次就重罚，员工对此也很拥护，执行得也很好。

因此，在中国的企业内，制度的执行不是关键，关键是制度的制定要考虑周全。

3. 忽视人性化管理，制度将得不到很好的落实

人性化管理一定是在制度的前提下才可以谈，人性化管理绝不是不要制度。人性化而没有制度化的约束无从存在，所以，所谓的人性化管理，必须依托于一定的实体、手段和方法，是必须在制度的前提下谈论。

人性化管理应该是这样的管理，在流程上，首先用人性化的思维来制定管理制度，而在严格执行单位制度时，可以有一些人性化的手段。人性化管理首先是制度的人性化，管理者在制定制度的时候一定要考虑到制度是否能够有效地执行，如果制度完全没有人性，则肯定是没有办法执行的，如教育从严，处罚从轻，处罚不是目的，只是一种手段。

　　制度的人性化其次体现在要公平公正，让员工能够心悦诚服地自觉执行，为什么呢？自觉执行对所有的人都有利，而破坏了规则，导致不公平，则可能对自己也没有好处。人性化管理这个概念也只能在制度制定之前使用，一旦制度制定了，那就得按制度来办，制度是铁打的，制度不容情。但在制度化的管理中，可以有一些人性化的手段，这叫做人性化的管理，制度一旦制定就必须执行，否则会纪律涣散。严格地执行制度与人性化管理并不冲突。在企业管理工作中，我们要切忌制度化官僚，切忌人性化人情，这样才能保证企业向着健康的方向发展。

小制度也能有大成效

管理效率的高低、治理效能的优劣，取决于制度的有效性，而制度的有效性并非取决于制度的大小，有时候，小制度同样能有大成效。

一个企业、一个部门可能有成千上万个职工，主管不可能认识每一个职工，也不可能亲自来激励、监督每一个员工，那么，主管凭什么来管理成千上万的员工，让所有的员工围绕企业的战略共同努力呢？唯一的答案就是制度。好的企业一定有一个好的制度，管理最终要靠制度来保障。

其实在管理的过程中，并非是说要建立多么高深多么严谨的制度条文，有时候即使是一项小的制度，也能发挥很大的效益。我们不妨从柯达的建议制度来探究小制度的威力。

柯达的创始人乔治·伊斯曼曾收到一份普通工人的建议书。建议书呼吁生产部门将玻璃窗擦干净，这虽然是小得不能再小的一件事情，伊斯曼却看出了其中的意义所在。他认为这是员工积极性的表现，立即公开表彰，发给奖金，从此建立起一个"柯达建议制度"。伊斯曼没有意识到，这个偶发的玻璃窗事件所引起的建议制度会一直坚持到现在并得到了不断改善。伊斯曼更不会意识到，他所建立的"柯达建议制度"会成为其他各大企业纷纷效仿的对象。在柯达公司的走廊里，每个员工随手都能取到建议表，丢入任何一个信箱，而且这些建议表都能送到专职的"建议秘书"手中，专职秘书负责及时将建议送到有关部门审议，作出评鉴，建议者可以随时直接打电话询问建议的下落；公司设有专门委员会，负责审核、批准、发奖。

现今，该公司员工已提出建议180万个，其中被公司采纳的有60万个以上。同时，该公司员工因提出建议而得到的奖金，每年在150万美元以上。因采纳合理建议而节约资金1850万美元，公司从中拿出370万美元奖励建议者。对公司来说，这种建议制度在降低产品成本核算，提高产品质量，改进制造方法和保障生产安全等方面起了很大的作用。柯达公司认为，这种制度起到了沟通上下级关系的作用，因为当每个职工提出一个建议时，即使他的建议未被采纳，也会达到两个目的：一是管理人员了解到这个职工在想什么；二是建议人在得知他的建议得到重视时，会产生满足感。

在现代的企业管理中，员工扮演了一个重要的角色。员工拥有无比巨大的潜能，只要发挥得当，便能为企业创造更高的效益。管理者所要做的便是顺应这样的潮流，采取各种手段来引爆员工的潜能。柯达建立的这种"柯达建议制度"，使公司受益无穷。

这样一个在细微的地方都能够照顾到员工的利益，无论多小的制度都不会忽视的公司是没有理由不具有向心力的。在公司的任何一个发展阶段，小制度的作用都不能忽视，因为小制度也能有大成效。

第二章　执行要动脑：

从"为什么做"到"应该做"

有时员工根本不知道为什么这是他们应该做的工作。

员工的想法一头雾水，就会导致管理杂乱无章。

提升员工执行力，要先让员工明白执行的目的和意义，这才不会让他们因"为什么要做"而困惑，而将其应该做和必须完成的任务当成毋庸置疑的使命。

将执行的意识植入员工的大脑

导致企业执行力很弱的原因，很大程度上是由于员工不能正确执行公司政策，这是因为员工的头脑中缺乏正确的执行观念和意识，比如不懂得什么是执行，为什么要这样做而不是那样做等，这种不正确的想法会让员工在执行过程中完全陷入误区。

1. 提高员工的执行意识，先从管理者自身做起

企业管理者往往忽略了分析自己，忽略了从自己身上来发现根源。事实上，企业执行力薄弱的根源恰恰是企业管理者造成的。有不少企业的管理者都存在一种认识上的误区，他们无意识地将目标与策略、步骤、方法、措施等同了起来，认为自己制订了企业的发展目标，就等于做好了实施策略、步骤、方法和措施保障，正是这种错误的认识造成了企业执行力的薄弱。

2. 认识到每个人对执行目标的理解差异，而做到具体问题具体分析

目标只是企业的发展方向，是一种主观的愿望，而如何采取一些恰当的方式来达到这些目标，才是保障执行的策略、方法和措施。仅仅依靠目标是无法推动员工有效执行的，因为每个人对如何达成策略目标的理解是不同的，在采取执行的手段上还会因人而异，这种情况都使得目标在执行过程中存在非常大的不确定性，从而造成企业目标在执行过程中的巨大偏差。

3.通过培训来强化对执行的认识，只是"治标不治本"

过于将注意的焦点集中在了员工身上，总认为是员工做得不到位，不能理解自己的意图，从而让员工接受大量的培训，通过培训来改变认识，提高专业技能，从而强化执行力。这并不能有效地解决企业执行力薄弱的问题。

所以，执行力的关键在于保证企业员工行为的一致性，而这种一致性并不是来自于目标，而是来自于正确的策略、方法和措施。其中重要的一点是，领导要将执行的意识植入员工的大脑，培养员工的执行意识和观念。让员工从思想上认识到执行的重要性，自觉执行公司的制度决策和领导交办的任务。

让下属理解自己的命令

你的命令是否能得到贯彻执行，与下属对命令的理解程度有很大关系。简单地说，下属对命令理解的程度高，执行起来就非常顺利，即使有偏差也不会很大；反之则很可能大打折扣。

如何才能让下属完全理解你的命令呢？除了下属本身的能力之外，有三条规则是要遵守的。

1. 让下属复述你的口头命令

这条规则是绝对不可忽视的。如果你破坏了这个规矩，事情就会出乱子。如果别人没有听明白你的命令，那你肯定不会得到希望的结果。一定要使这条规则成为一个硬性的规定去执行。很显然，当你要求一个人重复你的命令时，他可能会一时恼怒，他可能认为这是在侮辱他的记忆力和理解力。对于这些问题你不用担心，有一个容易解决的办法。你只需说："小王，你重复一下我方才说的话好吗？我想检查一下我有没有遗漏什么，或者说了什么不当的情况。"这个问题不就马上解决了吗？

2. 当下属没听明白的时候，你让他们向你提问题

如果一个人没有听明白你究竟想要干什么，他就会问你以便弄明白，这是正常的。但是如果是当着一群人发布命令，即使没有人问你什么，你也不能认为大家全都听明白了。在多数情况下，每个人都会有问题，只是碍于面子，不想在同事们面前暴露自己的无知。如果你怀疑确实有人没有听明白，你就使用第三条规则。

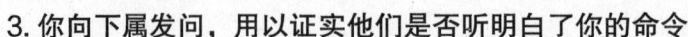

3. 你向下属发问，用以证实他们是否听明白了你的命令

例如，你可以问："你打算怎么理解这个问题？"或者"对于处理这件事你有什么看法？"或者你可以问类似"你明白为什么是这样的吗"的问题。

如果你希望一个人在他的工作中发挥出最大的能力，希望他把工作做得非常出色，那么你就要告诉他你让他做什么，什么时候做，但不要告诉他如何去做。让这个人自己去考虑处理的办法、这样就能迫使他动脑筋，发挥自己的主观能动性去完成任务，这就叫作任务式的命令。任务式的命令能够增强人们的责任感，每个人都会感到自己是组织中真正有贡献的成员之一，没有一个人被冷落在板凳上。

使用任务式的命令能使你获得驾驭下属的卓越能力，甚至可以在自己的家庭里使用这种类型的命令。使用这种技巧，不必一样一样地告诉下属做什么、该怎样做。只需让他们知道你需要什么、什么时候需要即可，这有助于发挥他们的主观能动性和他们的独创精神，也能教会他们如何自立于世。

使用任务式的命令法，你不但可以管好下属，还能使他尽力发挥自己的创意，把命令执行的超出你的意料。

让下属贯彻自己的意图

下面是帮助你贯彻执行意图的六条指导原则，请务必牢牢记住。

1. 要事先想到任何可能出现的不测

永远要在事前考虑有可能发生的、会将你的全部计划毁于一旦的每一个不测。能作出正确而及时的决策往往依靠对形势准确的评价。要使用那句问话："如果……怎么办呢？"这样你就会强迫自己去考虑可能把事情办糟的每一种可能。那些缺乏预见能力和对失败的因素估计不充分的领导者常常会失败。

2. 向关键的下属征求意见

在作出最后指导之前，最好向下属征求一下意见，听听他们对你的指导的看法，吸取一下他们的经验。在听取了他们的意见之后，征求意见的阶段就宣告结束，这时就可宣布你的最后意图，从那时起，你就有权力期望下属全力支持并竭诚执行你的决定和服从你的命令。

3. 把握宣布你的意图的适当时机

选择适当的时机宣布你的决定是非常重要的。一定要让归你领导的下属有充分的精神准备和时间安排，不能让他们措手不及，否则他们会没有足够的时间去制订他们自己的计划，那样又如何让他们来贯彻你的意图呢？更重要的一点是，不要对你下属的下属宣布你的计划和命令，这样会使你的下属为难和被动。他们向自己的下属说什么，那是他们的事，你不可越俎代庖。

4. 鼓励下属以变应变

什么形势都不可能是一成不变的，错误随时都可能出现，意外事件随时

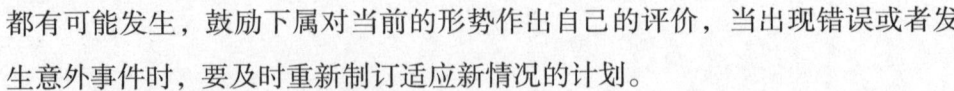
都有可能发生，鼓励下属对当前的形势作出自己的评价，当出现错误或者发生意外事件时，要及时重新制订适应新情况的计划。

5. 要让下属充分了解全局

当你作出了正确而及时的决定以后，应该能让所有该知道的人都知道。你一定要保证每一个人都知道你的意图。如果做不到这一点，就难免出大错。如果因为未能把你的意图和执行计划告诉给某一个关键的人而出了大错，那责任应该由谁来负呢？况且，问题又岂止是该由谁来负责呢！由于缺乏沟通而造成的错误往往比故意不服从造成的错误还要严重。只有让下属了解全局，才能让他们更好地贯彻你的意图。

6. 要重视你的意图的长远影响

仅仅考虑你的意图会有什么样的眼前的利益和作用是远远不够的，必须能够预见它将有什么样的长远的作用和影响。要记住，当你的下属开始贯彻你的意图的时候，事态就会发生连锁反应。

最后切记，不要让你今天的指导，给明天领导下属带来种种麻烦！

明确指出员工的对与错

管理者有一点非常重要——根据员工的具体行为，明确指出他到底"错"在何处，而又"对"在哪里。这种做法可以避免执行的迷茫。

一个有16年工龄的员工在公司重组时被解雇了，原因是他"工作不合格"。但是自他加入公司以来，每一年的业绩考核结果都表明他的工作是符合要求的，因此，这位员工感到不平，不理解为什么自己会由于"工作不合格"而被解雇，于是，他起诉了原公司。

法庭进行了大量细致的调查，发现这个员工在相当长的一段时间内，工作一直达不到标准水平。然而，因为每个经理都急于摆脱他，想把他转到其他部门，为了使不知底细的其他部门经理愿意接收他，就给了他一个"达到标准"的工作评价。

在法官面前，这位员工陈述说，经理没有如实地指出他的缺点，也就等于剥夺了他改正自己错误的机会。结果这个员工打赢了这场官司，他原来的公司被迫全额补发了他的工资，而且还另外支付了一大笔赔偿金，来弥补"他的痛苦和精神压力"。

因为没有作出诚实的反馈，该公司付出了沉重的代价，所以，在进行反馈的时候，一定要实事求是，把真实的情况告知给员工。虚假现象和欺骗行为会误导员工，其结果如同搬石头砸自己的脚。

在这方面，有的管理者做得就很好。例如下面的谈话。

"小王，我对你的工作态度不满意。前天开员工会议时，你迟到了半个小时，而且还告诉我，你还没看过我们正在讨论的报告；昨天，你又说家里有事，提前1小时就下班走了……"

"老张，你对我们的客户科尔公司所做的工作让我很满意。上个月他们在我们公司的订货总额提高了20％；几天前，我接到科尔公司负责人丹·菲利普先生打来的电话，称赞你对于产品规格和性能非常熟悉……"

正是因为这位经理针对具体行为进行了反馈，小王不但心悦诚服地接受了批评，而且很快就改正了这些缺点，而老张也继续保持了这些好的方面。相反，如果只是笼统地说："小王，你的工作态度很不好。""老张，你的出色工作给我留下了深刻的印象。"那效果就会大为逊色了。小王可能并没有意识到自己的不足，对经理的话会感到摸不着头脑并且精神紧张，而老张则可能会对经理的表扬不以为然，缺少那种现实的激励。

所以，没有得到反馈的执行相当于半途而废。及时反馈是提高执行力的重要环节之一。

让员工自己认识到问题所在

高明的管理者会引导下属自己找到问题的原因，这体现在下属执行的自动和自发上。

休斯·查姆斯是现代企业界一个传奇人物，他的管理技巧令许多同行拍案叫绝，杜拉克称赞他是"管理大师"。在他担任美国国家收银机公司销售经理期间，曾面临一场危机。由于该公司的财务发生了困难，这种情况被在各地负责推销的人员知道了，因此这些人失去工作热情，销售量开始下滑。到后来，情况严重到有可能使查姆斯和他手下的几千名销售员一起被"炒鱿鱼"的地步。于是，查姆斯决定召开一次全体销售员大会，全国各地的销售员都被召到总部。

查姆斯主持了这次会议。首先，他请几位优秀的销售员谈谈为何销售量会下跌。这些推销员分析说原因有市场不景气，缺少激励奖金等等。当第五个推销员开始列举使他无法达到销售配额的种种困难时，查姆斯突然打断他，纵身跳到桌上高举双手说道："停，大家停止10分钟，让我把我的皮鞋擦亮。"然后，他从容地请坐在附近的一名黑人小工友把他的鞋子擦亮，而他就站在桌上不动。

在场的推销员都呆住了，有些人甚至认为查姆斯突然发疯了。在这时候，那位小工友先擦亮查姆斯的一只鞋子，然后又去擦另一只鞋子，他不慌不忙地擦着，表现出一流的擦鞋技巧。

皮鞋擦完之后，查姆斯给了那位小工友一块钱，然后开始发表他的演说。

他说，"我希望你们每一个人好好看看这个黑人小工友。他在我办公室工作。他的前任年纪比他大很多，尽管公司每周补贴他5元的薪水，但他仍然无法赚取足以维生的费用。"

"然而，工作的对象完全相同。这位黑人小男孩却可以赚到相当可观的收入。"

"现在我问你们一个问题，以前的工友拉不到更多的生意，是谁的错？是他的错，还是他的顾客的错？"

那些推销员不约而同地大声说："当然是那个工友的错！"

"正是如此，"查姆斯接着说，"你们现在推销收银机和一年前的情况完全相同：同样的地区、同样的对象以及同样的商业条件。但是，你们的销售业绩却比不上一年前。这是谁的错？是你们的错，还是顾客的错？"

推销员又不约而同地回答："应该是我们的错。"

"我很高兴，你们能坦率承认你们的错，"查姆斯说道，"我现在要告诉你们，你们的问题在于，你们听到了有关本公司财务状况发生困难的谣言，这影响了你们的工作热情。因此，你们就不像以前那样努力了，现在只要你们回到自己的销售地区，并保证在30天中，每人卖出5台收银机，那么本公司就不会再发生什么财务危机了，以后再卖出的，都是净赚的。你们明白了吗？"

大家都说愿意，后来果然办到了。在不到一个月的时间里，所有销售人员都超额完成了任务，公司净赚了100万美元。

与表扬相比，批评并不容易为人所接受。但是当领导者直接指出下属错误时，下属的第一心理反应是不服气，总觉得自己没有犯错，只不过是与领导的标准不同，这种想法会直接影响整个团队的工作效率。

刘军是一家知名企业的经理助理，他上班总是迟到，并且对于一些即使重复出现的问题他也总是不能及时做出反应。当经理发现刘军的问题之后，采取下述策略，成功地对他进行了批评和指正。

经理让刘军坐在自己的位置上，然后对他说："刘军，你知道我在每天早晨8点30分是多么需要你来帮忙。尽管我已经向你提示过几次，可是上一周你仍然没有按时上过一次班。假如你是我的话，对于这种行为，你怎么看？"

经理说完之后，就沉默不语，等待刘军的回答。刘军试图拖延时间，希望经理能够继续说下去，但是经理没有再说下去，所以他只能开始说话，不断地找各种借口为自己的行为辩解。最后，刘军终于为自己的行为感到尴尬，于是他只好承诺："对于我这种迟到的行为，我没有什么可以说的。我答应你，以后我会尽量改正自己的行为。如果在接下来的两个月以内我按时上班的次数不能达到90％的话，我接受任何惩罚。"

人都有一种趋利避害的天性，好的方面是人人都向往的，而面对错误，即使是自己所犯的错误，也不愿意去直接承认。在企业的管理过程中，下属犯错总是难免的，管理者如果想让下属认识到错误并能积极地改正，就必须让下属从心底接受自己犯错的事实，只有让他自己意识到错误的根源，才有彻底改正的可能。

让员工从"要我做"到"我要做"

领导者应当使员工明白这样一点：作为一个员工，你没有义务去做自己职责范围以外的事，但是你也可以选择自愿去做，以驱策自己快速前进。率先主动是一种极珍贵、备受看重的素养，它能使人变得更加敏捷，更加积极。积极的工作态度能使你从竞争中脱颖而出。

世界著名的成功学专家拿破仑·希尔曾经聘用了一位年轻的小姐当助手，替他拆阅、分类及回复他的大部分私人信件。当时，她的工作是听拿破仑·希尔口述，并记录信的内容。她的薪水和其他从事相类似工作的人大致相同。

有一天，拿破仑·希尔口述了下面这句格言，并要求她用打字机打印出来："记住，你唯一的限制就是你自己脑海中所设立的那个限制。"

她把打好的纸张交还给拿破仑·希尔时说："你的格言使我获得了一个想法，对你、对我都很有价值。"

这件事并未在拿破仑·希尔脑中留下特别深刻的印象，但从那天起，拿破仑·希尔可以看得出来，这件事在她脑中留下了极为深刻的印象。她开始在用完晚餐后回到办公室来，并且从事不是她分内的而且也没有报酬的工作。她开始把写好的回信送到拿破仑·希尔的办公桌来。她已经研究过拿破仑·希尔的风格。因此，这些信回复得跟拿破仑·希尔自己所写的一样好，有时甚至比他自己写得更好。她一直保持着这个习惯，直到拿破仑·希尔的私人秘书辞职为止。当拿破仑·希尔开始找人来补这位秘书的空缺时，他很自然地想到了这位小姐。

但在拿破仑·希尔还未正式给她这项职位之前，她已经主动地接受了这项职位。由于她在下班之后，以及没有支领加班费的情况下，仍然对自己加以训练，终于使自己有资格出任拿破仑·希尔的秘书。

不仅如此，这位年轻小姐高效的办事效率引起了其他人的注意，有很多人为她提供更好的职位请她担任。她的薪水也多次得到提高，最后已经是她当初作为普通速记员时薪水的好几倍。

一般人认为，忠实可靠、尽职尽责完成分配的任务就可以了，但这还远远不够，尤其是对于那些刚刚踏入社会的年轻人来说更是如此。要想取得成功，必须做得更多做得更好。成功者除了做好本职工作以外，还需要做一些不同寻常的事情来培养自己的能力，引起人们的关注。

如果你是一名货运管理员，也许可以在发货清单上发现一个与自己的职责无关的未被发现的错误；如果你是一名过磅员，也许可以质疑并纠正磅秤的刻度错误，以免公司遭受损失；如果你是一名邮差，除了保证信件能及时准确到达，也许可以提供一些超出职责范围的服务……这些工作也许是专业技术人员的职责，但是如果你做了，就等于播下了成功的种子。

如果不是你的工作，而你做了，这就是机会。为什么当机会来临时人们总是无法确认，因为机会总是乔装成"问题"的样子。当顾客、同事或者老板交给你某个难题，也许正为你创造了一个珍贵的机会。

对于一个优秀的员工而言，公司的组织结构如何，谁该为此问题负责，谁应该具体完成这一任务，都不是最重要的，他心目中唯一的想法就是如何将问题解决。

个人的主动进取精神很重要，许多公司都努力把自己的员工培养成主动工作的人。所谓主动，就是没有人要求你、强迫你，你却能自觉而且出色地做好需要做的事情。一个做事主动的人，知道自己工作的意义和责任，并随时准备把握机会，展示出超乎他人要求的工作表现。

　　"我要做"某件事情，初衷也许并非为了获得报酬，但往往会获得的更多。

　　在工作中，管理者要消除员工抱有的"公司要我做些什么"的想法，让员工多想想"我要为公司做些什么"。某些时候，对领导来说，员工全心全意、尽职尽责是不够的，还应该比自己分内的工作多做一点，做的比领导期待的更多一点，如此才可以将执行做到位，给自我的提升创造更多的机会。

告诉员工不是去做，而是做到位

执行的意义不仅表现在做的过程上，更多的还表现在结果上。很多例子表明，执行不只是去做，做到位才是最重要的。

一位法国农场主驾驶着一辆奔驰货车从农场出发去德国。一路上凉风习习，路况良好，法国农场主不由哼起了小曲。可是，当车行驶到了一个荒村时，发动机出故障了。农场主又气又恼，他抱着试一试的心情，用车上的小型发报机向奔驰汽车的总部发出了求救信号。没想到，几个小时后，天空就传来了飞机声。原来，奔驰汽车修理厂的检修工人在工程师的带领下，乘飞机来为他提供维修服务。

一下飞机，维修人员的第一句话就说："对不起，让您久等了。但现在不需要很久了。"他们一边安慰农场主，一边开始了紧张的维修工作。不一会儿，车就修好了。

"多少钱？"看见车修好了，法国农场主问道。

"我们乐意为您提供免费服务！"工程师回答。

农场主本来以为他们会收取一笔不菲的维修金，听到工程师回答简直大吃一惊，"可你们是乘飞机来维修的呀？"

"但是因为我们的产品出了问题才这样的。"工程师一脸歉意，"是我们的质量检验没做好，才使您遇到了这些麻烦，我们理应给您提供免费服务的。"

法国农场主很受感动，连连夸赞他们，夸赞奔驰公司。后来，奔驰公司为这位农场主免费换了一辆崭新的同类型货车。

要么不做，要做就要做好。100多年来，奔驰一直在购车人群中有着良好的口碑，使得他们销售产品成为一件水到渠成的事情。

做事做到位，才会让人印象深刻。一名员工只有不断地对自己提出要求，高质量地完成工作，才能让自己不断得到提升，领导对这名员工自然也会刮目相看。

因此，领导要告诉员工：不要满足于身边的褒贬，你应该清楚你的能力怎样，能把事情做到什么样的程度，从而努力把事情做好。

一位叫丽莎的房地产推销员，她的工作十分出色，引人注目，顾客们都愿意找她帮忙解决问题。丽莎就是以优质的服务征服顾客的。

比如，她注意了解供水是否正常，如果前房主拆走了水管，她便马上退一部分定金；她也帮顾主安装电话；她知道当地某学校某年级学生与教师的比例，甚至叫得出老师的名字；她能说出郊区火车月票的价格——精确到美分；她还告诉顾客快车上只有20分钟开空调的时间，等等。

每当新住户搬进新居前，她都会准备一份礼物，并在住户到来的第一天与他们共享一顿美餐——她知道刚搬家时做饭还不方便，第一天晚上她会邀请他们到自己家共进晚餐。她还安排新来者加入当地的俱乐部，她了解住户的宗教信仰，与当地教堂联系："这里有新教友，见见面怎么样？"这些听起来不可思议，但丽莎做到了这些，她从各方面尽力帮助新住户迅速融入社区生活。

管理者在平时的工作中，务必要让员工清楚认识到：积极而有成效的行动不仅会让人收获一个完美的工作结果，还会让人自己感觉良好，更有自信，提升工作状态，产生继续工作的持久动力。

执行到位，这意味着对自己的工作负责，对自己的生命负责，这也是企业对每一位员工的要求。

让员工学会用脑工作

好的策略、想法适用于任何工作场合和环节，而不只适用于战争或商场。因此，试着将明智的策略和想法用于工作中的每件事情。领导者要让员工懂得：有系统地掌握和执行策略原则，将会使自己终身受用。

同样的两组人做同样的事情，在外界客观条件相同的情况下，如果一方讲究策略，另一方不懂得聪明地执行任务，那么结果肯定是有差别的。

在一个生产部门，曾经发生过这样的事情："喂，比尔，"领导问道，"为什么记录显示你部门的轴承被退货与做错的记录比楼下的乔治高出20%？而你们两个部门的工作都一样，平均说起来，你们两个部门的员工人数也相同。去跟乔治谈谈，看看到底是哪里出了毛病？"

比尔与乔治仔细检查了所有步骤。结果发现，比尔这一部门的工人在下午的时候均表现非常糟糕。而关于其原因，有一位工人建议修办公室的空调设备，他说大约两点半的时候，空气让人难以忍受，很容易让人感到头痛。

只是装了一部简单、便宜的通风设备——一条短的输送管与一台鼓风机，就解决了这一难题，事情就这么简单。

事情往往是这样，小小的原因就足以引发很大的后果，包括好的、不好的。像上面的例子，就是不好的后果。还有另外一些事例可以提醒你，永远不要忽视简单的问题。

只要在平时的工作中多思考，多动脑子，这样做跟被动地执行任务的效果肯定是不一样的。

　　日本的著名企业家松下幸之助曾经说过：有许多人，尤其是年轻人认为直觉是不科学的。但是，科学地决定各种事情，不依靠直觉，最终还是不行的。

　　松下幸之助当会长的时候，曾经发生过这样一件事：有一天，他突然冒出一个念头，想搞点调查，让总公司搜集一下来自地方营业所或事务所的报告书，包括日报告书和月报告书，结果发现这些报告书竟有240余种，多得令人吃惊。

　　松下幸之助说："为什么会有这么多的报告书，是谁在看？报告的和看报告的都够了不起。这些工作都有实际用处吗？真是难以想象。只有公司破产了才是麻烦事，所以，请你们只留下与公司破产有关的材料，其余的全部撤销，可以做到吗？"从此以后，报告书才削减到42种。

　　松下幸之助这个偶然冒出的念头，让公司省掉了很多不必要的环节，提高了公司的运作效率，为公司节约了成本，增加了利润。

　　要完美地执行任务，做一名合格的员工，需要智慧，也需要付出汗水。手脑并用，才是取得成功的双翼！

培养员工的责任心

　　多年来，我们一直在学习新的管理理念和经验，其最终目的还是为了提高执行力，实现高效管理，真正从管理上出效益。然而，有了这些理论经验，执行力就真的能提高吗？

　　说到底，理论经验是要变成实实在在的行动，才谈得上加强企业执行力；而加强执行力，就是加强人的执行力。如此一来，人的因素是最重要的。提高执行力不在于管理经验的新旧，重要的是依靠每个人对制度措施不折不扣的贯彻执行，最终还是得靠每个人的责任心。

　　某县有位干部因业绩突出，上级想把他调往省城，而他却自愿留守县城，虽干得有声有色，却也辛苦至极。别人问他这样做是否值得，他答道："既然留下来，就有责任干好。"这就是责任的力量。我们也常常见各部门，因职位高下、利益不均，有人就推三阻四、拖沓怠工；可也有人照样无利而往、披星戴月地工作，单位兴旺发达了，他们仍默默无闻，只是一个幕后英雄而已。可他们的出发点却很简单，"干这份事，就得为此负责"。由此可见，在企业的发展阶段，企业员工的责任心更能影响企业的生存和发展。有了责任心，才会凡事都严格要求，在制度执行中不打折扣，在措施实施中不玩虚招，真正做到令行禁止。

　　令人遗憾的是，现实生活中的情形并不乐观。有一个人给一位企业老板发送电子邀请函，连发几次都被退回，他向那位老板的秘书查询时，秘书说邮箱满了。可四天过去了，还是发不过去，再去询问，那位秘书还是说邮箱是满的。试想，不知这四天之内该有多少邮件遭到了被退回的厄运？而这众多被退回的邮件当中谁敢说没有重要的内容？如果那位秘书能考虑到这一点，恐怕就不会让邮箱一直满着。作为秘书，每日查看、清理邮箱，是最起码的职责，而这位秘书显然责任心不够。

人们还经常见到这样的员工：电话铃声持续地响起，他（她）仍慢条斯理地处理着自己的事，根本充耳不闻。一屋子人在聊天，投诉的电话铃声此起彼伏，可就是没人接听。问之，则曰："还没到上班时间。"其实，离上班时间仅差一两分钟，就看着表不接电话。有些客户服务部门的员工讲述自己部门的秘密："五点下班得赶紧跑，不然慢了，遇到顾客投诉就麻烦了——耽误回家。即使有电话也不要轻易接，接了就很可能成了烫手的山芋。"

这些问题看起来是小事，但恰恰反映了员工的责任心。而正是这些体现员工责任心的细小之事，却关系着企业的信誉、信用、效益、发展甚至生存。那么，员工为什么会缺乏责任心呢？

首先，管理者不知道该如何体现和增强员工的责任心。这是管理者经验少、智慧不够、思维能力不足的表现。

其次，企业的管理者思想懈怠或疏于管理监督，员工自然跟着懈怠。领导懈怠一分，员工能松懈十分。

再次，源于人的懒惰天性。企业原本规章制度执行得很好，可时间一长自然懈怠，思想上一放松，责任心就减弱，行为上自然就松懈，体现在日常的工作中就是执行力下降，很多问题均由此而生。责任心体现在三个阶段：一是执行之前，二是执行的过程中，三是执行后出了问题时。

作为管理者，提升员工的责任心可以采取以下措施。

第一阶段，执行之前要想到后果。第二阶段，尽可能引导员工向好的方向发展，防止坏的结果出现。第三阶段，告诉员工，出了问题要敢于承担责任。勇于承担责任和积极承担责任不仅是一个人的勇气问题，而且也标志着一个人是否自信。

员工勇于承担责任是一种美德，一种勇气，是无私无畏的表现，也会使其更容易赢得领导的尊重，成为同事行为的楷模和样板。员工如有能力以一种负责的、职业的、考虑周全的方式行事，不但对公司来说是一种竞争优势，而且对于个人而言是一笔财富，是提高执行能力的最佳途径。

要让员工明白，勇于承担责任并非要员工付出多大的代价。在公司里主动承担责任只会给自己带来好处，虽然有时候会牺牲自己的利益。而从另一个方面来讲，勇于承担责任也是每一名员工的职责所在，是义不容辞的事。

培养敬业精神，让员工执行得更好

敬业，是一种最为可贵的执行态度。

对于个人，态度决定一切；对于团队，敬业精神决定成败。敬业是一种职业的责任感，它不是对某个公司或者某个个人的敬业，而是一种职业的敬业，是承担某一责任或者从事某一职业所表现出来的敬业精神。对于企业来说，敬业能带来效益，增强凝聚力，提升竞争力，降低管理成本；对于员工来说，敬业能带来安全感。

敬业是人的使命所在，是人类共同拥有和崇尚的一种精神。从世俗的角度来说，敬业就是敬重企业里的制度，尊重自己的工作，将工作当成自己的事，其具体表现为忠于职守、尽职尽责、认真负责、一丝不苟、善始善终等职业道德，同时其中还糅合了一种使命感和道德责任感。这种道德责任感在当今社会得以发扬光大，使敬业精神成为一种最基本的做人之道，也是人们成就事业的重要条件。

任何一家想在市场竞争中取胜的企业必须设法使每个员工敬业。没有敬业精神的员工无法让企业制度的落实得到保障，从而难以给顾客提供高质量的服务，难以生产出高质量的产品。

推而广之，一个国家如果想立于世界强国之林，也必须使其人民敬业：警察应该尽职尽责为民众服务；行政官员应该勤奋思考并制定和执行政策；人大代表应该勤于问政……只有每个人做一行爱一行，我们这个社会才能被称为敬业的社会。

然而，无论我们从事什么行业，无论到什么地方，我们总是能发现许多投机取巧、逃避责任、寻找借口之人，他们不仅缺乏一种神圣的使命感，而且缺乏对敬业精神的正确理解。试想，如果一个人连敬业都做不到，又怎么能指望他服从企业的各种制度？如果一个企业里的大部分人都不敬业，那么这个企业所建立的制度将会形同虚设，企业又何谈生存与发展。

　　作为领导，要让员工明白这样一个道理：敬业表面上看起来是有益于公司，有益于老板的，但最终的受益者却是自己。

　　当我们将敬业变成一种习惯时，就能从中学到更多的知识，积累更多的经验，就能从全身心投入工作的过程中找到快乐。这种习惯或许不会有立竿见影的效果，但可以肯定的是，当"不敬业"成为一种习惯时，其结果可想而知。工作上投机取巧也许只给你的老板带来一点点的经济损失，但是却可以毁掉你的一生。

　　成败往往取决于个人人格。一个勤奋敬业的人也许并不能获得上司的赏识，但至少可以获得他人的尊重。那些投机取巧之人即使利用某种手段爬到一个高位，但往往被人视为人格低下，无形中给自己的成功之路设置了障碍。不劳而获也许非常有诱惑力，但很快就会付出代价，他们会失去最宝贵的资产——名誉。诚实及敬业的名声才是人生最大的财富。

　　有一个颇有才华的年轻人，工作散漫，缺乏敬业精神。一次报社急着要发稿，他却抱着稿件回家睡大觉去了，影响了整个报纸的出版时间。这种不敬业的人永远得不到尊重和提升。

　　人们往往会尊敬那些能力中等但尽职尽责的人，而不会尊敬一个能力出众，但不负责任的人。受人尊重会获得更多的自尊心和自信心，不论你的工资多么低，不论你的老板多么不器重你，只要你能忠于职守，毫不吝惜地投入自己的精力和热情，渐渐地你会为自己的工作感到骄傲和自豪，就会赢得他人的尊重。以主人和胜利者的心态去对待工作，工作自然而然就能做得更好。

一个对工作不负责任的人，往往是一个缺乏自信的人，也是一个无法体会快乐真谛的人。要知道，当你将工作推给他人时，实际上也是将自己的快乐和信心转移给他人。

有人问一位成功学家："你觉得大学教育对于年轻人的将来是必要的吗？"这位成功学家的回答发人深省："单单对经商而言不是必需的。商业更需要的是敬业精神。事实上，对于许多年轻人来说，大学教育意味着在他们应当培养全力以赴的工作精神时，被父母送进了校园。进了大学就意味着开始了他一生中最惬意、最快乐的时光。当他走出校园时，年轻人正值生命的黄金时期，但此时此刻他们往往很难将自己的身心集中到工作上，结果只能是看着成功的机会从身边溜走，真是很可惜啊。"

巴顿将军有句名言："每个人都必须心甘情愿为完成任务而献身。"他强调的是，每个人都应该敬业，都应该为完成自己的工作和任务、为实现自己的价值而付出，要到最需要你的地方去，时刻不能忘记自己的责任。管理者要努力使员工明白敬业的重要性，在工作中树立敬业的观念，认真对待每一次工作，自觉执行上级交给的任务。敬业是员工的基本职业素养，也是企业对员工的核心要求之一。

第三章　执行抓关键：

从"各自为政"到"执行规范化"

你下达了命令，员工却背道而驰？

员工没有按照你的吩咐去做，可他们认为自己正在做你吩咐的事情。

当员工完成任务的效果与你期待的目标大相径庭，该怎么办？

执行到位中的一个重要问题在于，有时管理者下达一项任务后，员工们无法将策略、方法和措施正确转化为一致的行动，这时企业必须要通过规范化的形式来完善执行体系，保证员工实现规范化执行，用正确的策略、方法和措施来展开行动，而不是按各自的理解来做事。

按流程有条不紊地执行

无论干什么事，无论在生活、休闲还是工作中，都有一个"先做什么、接着做什么、最后做什么"的先后顺序，这就是我们所说的流程。严谨有序的流程，可以确保执行有条不紊地进行，让做事有始有终，从而取得完美的成果。

除了"先做什么、接着做什么、最后做什么"的先后顺序外，我们还经常说某人能办事，某人善于做事，能办事、善于做事是说他们做事情有方法，比别人做得更有效果，但到底有哪些不同呢？可能是先后顺序不同，也可能是做事的内容不同。因此，流程就是做事方法，它不仅包括先后顺序，还包括做事的内容。同时，我们做任何事情都需要资源投入，都需要借助资源的效用，包括资金、信息、精力、人员、技术等，因此对投入的资源也要善加管理，否则也难以成事。

任何组织或者个人，要想执行到位，就必须重视流程的作用。如果没有制定出可行的流程，执行工作就无法到位。很多工作执行不到位，就是因为不按照流程办事造成的。

中西方企业管理方式和管理文化上的一大差别是：西方企业习惯于按流程办事，我国的不少企业则喜欢临时决策。

微软中国研究开发中心一位部门经理与笔者交谈时举了个例子。有一次，他乘坐的飞机在深圳机场出了故障，乘客被告知这个航班将换一架正从外地赶来的飞机，可此时乘务员已经超时飞行了。怎么处理这个"超时"的问题？深圳方面做不了主，便频频请示北京航空总局，时间被一拖再拖，机场一片混乱。这位在美国工作了10年的经理评价说："这明显是缺乏办事流程。"乘务员超时飞行是个老问题，在国外，这类事早写到规章制度里了，"一二三四五，照着条文上写的办就是了，不管谁当班都能处理"。而在我国这里却是"乘客和航空公司都急得团团转"。

其实，用不着在美国待10年，只要与西方企业打几次交道，对他们那种"按流程办事"的做法就会有所体验。这种体验有时还相当强烈，因为对方的某些做法所表现出来的"流程意识"几乎到了刻板的程度。一个会议日程表，能把从起床到就寝的所有时间段安排得滴水不漏，连早上有"电话叫醒"，"10分钟休息在哪儿活动"这样的细节都打印在表格上，而且执行起来绝不走样。两年前笔者随大中国区记者团采访Sun公司总部，时间表上写着9点钟开会，当时不少记者还在吃饭，人家已宣布"现在开会"了，一看表，一分钟也没等。有人把这种现象叫做"文本文化"，即把要做的事情一律形成文字，而且写下来就要照着做。

有人会不以为然，认为按照流程的条条框框做是自找麻烦，把一件简单的事情做复杂了。那么大家有没有想过，这些条条框框是如何来的呢？难道制定流程的人，是为了给大家制造麻烦才这样要求的吗？举一个交通上的例子，交通法规有两个非常明确的规定：严禁超载和疲劳驾驶。这两条规定从何而来？事实上是从历年的重大交通事故调查数据中总结出来的。

即使是规定已经执行了多年，现在打开电视和报纸，仍然经常看到由此原因导致的交通事故，且不说造成的经济损失，就是人员伤亡，该让亲友如何承受？交通法规是因为它事关人命，所以需要人人严格遵守；而工作流程事关工作开展，这是组织的灵魂，所以也需要人人遵守。如果编制的流程在某些地方确实不合理，它也不是一成不变的，而是可以按照适当的程序进行改进的。但是在改进的版本未发布之前，就要按照原有的要求执行，而不能以其需要改进为由不操作，否则不就是有流程不依了吗？这叫做尊重流程。

还有人说，流程是把人僵化了，但是实际上不是流程僵化了人，而是人在理解流程时把自己僵化了。理解了流程产生的背景还不够，还要理解流程要求的每一步为什么要这样做，而不是那样做，这就要我们充分了解流程的目的。

流程未被执行到位的另一个重要原因就在于我们大部分人，执行观念不强，不尊重流程。即使人人理解了流程的内涵，也不能保障每个人都这样做。

事实上，设定流程的最终目的是为了提高工作效率，提高管理水平，从而节约管理成本。

建立流程有以下几点好处：

（1）使得工作有序进行，不致杂乱；

（2）在工作出现错误时可及时分析出是哪个环节发生了问题；

（3）由于每一个流程中的节点都有相应的责任人，所以很容易就可以找到相应的责任人；

（4）在员工进行流动时，不至于因员工的流动而使得工作进度缓慢；

（5）可实现"傻子工程"，因为有了很详细的流程，所以新员工在入职以后，只要认识汉字，按照流程操作就没有问题了。

成熟的企业需要稳健，而严格科学的运行程序是稳健的基础条件。长期的经验表明，有效的管理程序才是取胜的根本保证。因此，任何人都不能轻视流程，不按照流程办事。只有遵守流程，才能把工作更好地执行到位。

提高执行力要先优化流程

　　流程意味着企业运行的基本环节被控制在一种"秩序"之中。但如果企业内部流程过于烦琐和复杂，往往也会成为高效执行的主要障碍。

　　有时一个文件需要各个部门逐层审批，每个部门处理的时间只需要5分钟，但是在传递过程中耽误的时间却长达五六天，这不仅影响到执行者的耐性和执行结果，还会影响到企业的竞争力。

　　有一个例子很能说明问题。美国的办公设备生产巨头施乐公司一手创造并垄断了自动办公设备产业多年，它曾经发明了许多包括鼠标、图形用户界面、激光打印机在内的最具革命性的技术。对于施乐公司的成就，《财富》杂志曾撰文评价说："施乐914型普通纸复印机是美国有史以来生产的利润最大的产品。"但后来这家历史悠久的老牌企业效益一度下滑，差点被日本复印机制造商所淘汰，施乐公司悲剧产生的重要原因之一就是其庞大的官僚体制使得公司内部业务流程过于繁杂，不能迅速地提供资源使其先进的技术快速转化为现实生产力，从而阻碍了新技术产品的开发，失去了一次次的市场良机。

　　对于施乐公司的这种突变，曾经担任过施乐公司顾问、被称为"有史以来对美国营销影响最大的人"杰克·特劳特评价说："施乐的高层认为他们是一家成功的技术公司，很可惜人们只把它看作是一个复印机公司，仅此而已。"可见，烦琐的业务流程可以导致执行效率低下，对企业造成致命性的危害。

20世纪的70年代至80年代，美国人把流程问题重视了起来。当时美国的企业遭到了日本企业的阻击，竞争力逐渐下降。美国人就开始研究美国企业落后于日本企业的原因，结果发现本国企业的生产效率并不比日本低，技术上也不比日本企业差，产品质量上也相差无几，最后美国人发现导致两国企业出现差距的根源在于双方的业务流程不同：日本企业业务流程较为简明，这大大缩短了将一项技术变成产品、把产品推向市场的时间。美国人在认识到这一差距之后，才真正开始重视流程问题，为了保持流程的连续性，企业开始打破部门之间阻碍流程运转的界限，消除不同部门各自为政的现象，简化业务流程。

反观中国的企业，大多没有竞争力，执行力偏低，这在很大程度上与业务流程的繁杂有关系，业务流程繁杂问题得不到解决，即使投入再多的硬件和人力，执行力也无法得到提升。尤其对于规模迅速膨胀的大中型企业而言，由于业务量大而且内容复杂，部门也多，队伍庞大，分布广泛，同样的流程一天要重复十几次、几十次，这个环节慢一些，那个环节漏一点，到最后一个环节的时候，问题就会像"雪崩"一样，变成巨幅震荡。流程问题会影响工作效率，尽管员工天天加班，手忙脚乱，也是错误百出，企业的各项计划常常落空，甚至还会出现资产上的损失。一般来说，越是大型企业越容易出现流程烦琐的问题。

随着企业的成长和业务复杂性的增加，企业面临着规模化发展、跨区域运营、快速响应市场竞争和需求等挑战。这些挑战客观上要求企业进行跨部门、跨职能化协调发展，从而对企业的内部流程管理与优化提出了迫切的要求。在这个背景下，如果企业还陷在"管理体系孤岛"中，那么它的灵活反应和业务提升都将要面临严峻的考验。

优化流程可根据企业的实际情况采取以下三种方式：垂直工作整合、水平工作整合和工作次序最佳化。

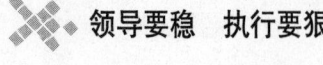

（1）垂直工作整合。它是指给予员工充分的信任，适当地给予下属员工自愿自主处理事情的权力，不必凡事都要层层汇报、层层审批而影响到问题解决的效率。这样，可以锻炼员工的现场执行力，使其创造性地开展工作。

（2）水平工作整合。它是指将企业分散的资源加以集中，或将分散在不同部门间的相关工作整合成一个完整的工作交由一个部门或一个人负责，这样可以减少人员之间或部门之间沟通的时间，还可以明确工作的责任人，提高员工的责任感，避免出了问题之后互踢皮球的扯皮现象。

（3）工作次序最佳化。它是指做任何事情都是有先后顺序的，但ABC与BAC的效果肯定有所不同。这就需要利用工作步骤的调整，达到流程次序最佳化，提高效率节省成本的目的。

总之，优化流程的一个重要理念就是业务判断理性化、知识化，一般业务常规化，甚至自动化、傻瓜化，从而减少执行层人员的要求，提升执行的效率。

执行到位要重视人员流程

　　某公司把流程梳理好了，也通过流程软件进行了固化，但是却感觉不到执行力的明显提升。人员都照旧那么多，工作也都照旧那么多。后来，公司进入营业旺季，分销商老是抱怨该公司的发货速度十分慢，也不知道该公司内部的问题在哪里。流程部后来发现原来在发货审批的过程中有一个环节老是出现被退回的情况，通过软件的分析发现，这一节点的审批表有一半都被重新打回去，原来一天可以批200份左右的单子，但是因为有一半被打回去了，如今只能做100多份了。造成这种现象的原因是该部门按照领导要求重新对发货进行了分类，但是制定的表单只是在原来的表单上面改动了一个字段，而没有进行具体地说明，许多销售人员根本没有注意到这一细节的转变，都是随意填写，所以导致申请常常被打回，不得不重新走流程。

　　再进一步分析，人们发现有个部门一天应该审核600份左右的单子，但是实际上只有不到200份的单子，分摊下来基本上只有原工作量的1/3。一边是人员忙不过来，抱怨连连，另外一方面却是一些人却在偷懒。

　　营业规则发生了转变，不一定会导致流程发生转变，但是会导致流程的表单发生转变，同时也会导致流程的执行人员发生转变。流程梳理完了之后，固化在体系中并不意味着流程要僵化在体系中。流程在运行过程中，需要经常地对流程的节点工作量进行分析，判定流程是否合理，流程的表单和文档是否需要调整，最后实现营业的稳固运行和人力资源的合理配置。

　　在组织的所有系统和流程中，人员流程无疑是最为重要和关键的。如果一个组织不具备一种科学和完善的人员流程体系，将永远不可能充分发挥其潜力。抓好人员流程要从以下几点做起。

1. 要挑选有执行力的员工

一般的具有执行力人的主要特点是：自动、自发，注意细节，为人诚信、负责，善于分析、判断和应变，乐于学习，具有创意，对工作有韧性，人际关系（团队精神）良好，有强烈的求胜欲望。领导要具备挑选人才的能力，挑选与培养优秀骨干的任务不能授权他人。

2. 领导者要信任员工

领导者要信任下属的道德品质，不束缚他们的手脚，让他们创造性地开展工作。既要委以重任，又要授予权力，令其能承担责任，忠于职守。当他们在工作中出了问题时，领导者要勇于承担责任，帮助他们总结经验，给予有力的支持。同时，领导要认可下属的工作态度，明白下属的工作方法，理解下属的内在需求，信赖下属的工作责任感。

3. 要注重开发组织成员的价值

如果用冰山来比喻人的价值，那么，每个人都有沉在水面下而尚未被开发的巨大潜在价值，而漂浮在水面上的就是展现出来的各种能力。领导者应善于进行现有人员价值的开发，有效地提高员工的工作绩效，增进组织的创新能力，造就良好的组织文化氛围。

4. 要注意人员流程要与战略流程、业务流程相连接

人员的选用、配备与战略的制定和执行，要与运营计划的目标连接起来，保证三者协调发展。尽量防止人员流失，构建人才储备库，对现有人才进行评估，判断他们该进行哪些培训，以便能承担更重大的责任，并适应组织的长久发展。

告诉员工：你要他做什么

在实际生活中，常常可以看到这样的领导者，他们对一个新来的员工，首先表示欢迎，然后让他与原有的人见见面，向他简单介绍几句本单位的情况，再三言两语交代一下他做什么工作，最后就扔下他不管了。

另有一些领导者，在布置工作时常常犯一种毛病，就是从来不明确地告诉下属干什么、怎么干，以为自己了解和掌握的东西，下属也应该懂得；或是有意识地不向下属交底，放任不管，而当下属的工作没有达到他所要求的标准时，他就批评一顿。

可以说，上述两种做法都是不当的。作为领导者，想要做好委派分工工作，让下属明确执行的目的和方向，最简单的方法就是直接告知下属，该做什么，怎么去做，达到什么目标等。

领导向下属布置工作的正确做法应当遵循以下几种方法。

1. 交代必须明确

在布置工作时，以下各项应当十分清楚：任务及性质、意义；应达到的目标和效果；完成时间；请示汇报对象；应遵循的政策原则；执行任务者在人、财、物和处理问题方面的权力；步骤、途径和方法；可能出现的情况，需要注意的问题。当然，以上各项要因人因事而异。重要的事就要交代得严肃、明确、具体，简单的事就可以交代得粗略一些；对于头脑聪明、经验丰富、一点就透的人，可以简明扼要，不必耳提面命，啰里啰唆；对于新手和能力差的人，要尽可能把想到的东西都告诉他，使他少走弯路。

2. 要同下属商量

下达指令、布置任务之前，自然要充分准备，把问题想得周密些。但在向下属交代的时候，还是应当抱着商量的态度。对于自己感到不太有把握的意见，要虚心向下属征询意见，如果下属的意见有道理，就要及时采纳。即使对于自己的设想感到很有把握，也要善于启发下属动脑筋、提看法，以便使指令更完善、更切合实际。如果执行者没有什么意见可提供，可以通过适当的问话，来检验一下他对指令是否充分理解，是否变成了他自己的思想。对于那些执行者有权随机处理的细枝末节，则不必过多纠缠，议论不休，以免束缚下属的手脚。所以，在一般情况下，不要形成领导者居高临下，一二三四布置一大套，执行者俯首听命、机械服从、不置一辞的僵硬场面。事实证明，在布置任务时只有对下属抱着信任、尊重、平等、虚心的态度，下属才容易理解，乐于接受，也才能更好地执行任务。

3. 任务与职能相称

这里有两层意思，一是你所分配的任务应当是下属的职责范围之内的，是属于他岗位责任制范围之内的事，而不能把本应属于上层的事交给下层去干，把下层的事交给上层去干，或是把本应由甲完成的任务让乙去做，乙的事让甲去做。如果那样乱摊派，势必打乱工作秩序，使人无所适从。当然，一些特殊情况下的特殊任务，也需要临时变通，但不能太多，特殊情况一过，还是应当各司其职，各负其责。二是所分配的任务要与他的能力相一致，有相应能力的人就分配给他相应的活儿，如若不然，让能力强、水平高的人去干简单的活儿，既浪费了人才，又使他对领导心存不满，认为领导瞧不起他，重要的事不让他去做；让能力差、水平低的人去完成复杂、艰巨的任务，不仅容易误事，而且执行任务的人也有反感，认为领导是故意找别扭，强人所难。此外，在工作量上也要考虑，工作太多，会使员工感到承担不了，太少又使员工感到英雄无用武之地。

授权，激发员工执行动力

作为管理者，常常会遇到员工提出的"我能干得更好"的疑惑。假如碰到了，要采取行动确保你的员工受过培训，具备完成授权任务的条件。在你的支持、鼓励和指导下，他们会在工作中成长起来，从而使执行力得以大大提高。

阻碍管理者成功授权的一个原因是对员工缺乏信心。事实上，你使员工失去了发展能力的机会，而这些能力正是你对他们建立信心的基础。管理者抱怨员工无法处理好被授权的任务，结果只好自己来完成工作。而员工也因无法工作，从而缺少必要的锻炼。

还有一些管理者经常认为自己没有多余的时间花在授权上面。这种想法是可笑的，因为好的授权的主要益处之一就是为管理者节约时间。

对管理者而言，如果不授权，那么这些任务都必须由自己来完成，所花费的时间比授权所花的时间要多得多，而如果管理者能正确地授权，节省时间的余地会更大。

许多管理者因为害怕失去权威而放弃授权，放权对他们来说是最难以克服的障碍，因为他们必须放弃一些看上去是管理者的本质所在的东西。

北欧航空公司董事长卡尔松大刀阔斧地改革北欧航空系统的陈规陋习，就是依靠合理授权、给部下充分的信任和活动自由而实现的。开始时，他的目标是把北欧航空公司变成欧洲最准时的航空公司，但他想不出该怎么下手。卡尔松到处寻找，看到底由哪些人来负责处理此事，最后他终于找到了合适的人选。于是卡尔松去拜访那个人："我们怎样才能成为欧洲最准时的航空公司？你能不能替我找到答案？过几个星期来见我，看看我们能不能达到这个目标。"几个星期后，这个人约见卡尔松。卡尔松问他："怎么样？可不可以做到？"

他回答："可以，不过大概要花6个月，还可能花掉160万美元。"

卡尔松插嘴说："太好了，说下去。"因为他本来估计要花5倍多的代价。

那人继续说："等一下，我带了人来，准备向你汇报，我们可以告诉你我们到底想怎么干。"大约四个半月后，那人请卡尔松看他几个月来的成绩，当然，最初的目标已实现，但这还不是他请卡尔松来的唯一原因，更重要的是他还省下了50万美元。

卡尔松事后说："如果我先是对他说，好，交给你一件任务，我要你使我们公司成为欧洲最准时的航空公司，现在我给你200万美元，你要这么这么做。结果怎样？你们一定也可以预想到。他一定会在6个月以后回来对我说，我们已经照你所说的做了，而且也有了一定进展，不过离目标还有一段距离，也许还需花90天左右才能做好，而且仍要100万美元经费。可是这一次，这种拖拖拉拉的事却不曾发生。他要这个数目，我就照他要的给，他顺顺利利地就把工作做完了，也办好了。"

由上面的这个事例可以看出，合理授权是多么重要。

所以，作为领导者，贵在学会科学地授权。通过合理授权，使领导者重在管理，而非从事具体事务；重在战略，而非战术；重在统帅，而非用兵。通过"分身之术"，有利于领导者议大事、抓大事，居高临下，把握全局。

合理分权，有利于调动下属在领导者工作中的积极性、主动性和创造性，激发下属的工作情绪，增长才干，培养人才，使上级领导者的思想意图为群体成员所接受。所有成功的领导者都要创造一种氛围，这种氛围能使下属在理性上和情感上都融入工作。善于授权的领导者也能够创造一种"领导者气候"，使下属在此"气候"中自愿从事富有挑战意义的工作。

领导者合理授权，有助于锻炼和提高下级的才干，并能提高领导者体系的总体执行水平和管理水平，从而提高领导者效率。

授权有艺术，执行有保障

领导者要让下属担当一定的职责，就要授予下属相应的权力。敢不敢授权，是衡量一个领导者用人艺术高低的重要标志，是提升执行力的重要措施。

对于哪些工作可以决定授权，建议是如下几个方面。

1. 对那些经常性的必须做的事情进行授权

这些工作你已经做了很多遍，并且是公司例行规定的必要任务，你对它们了如指掌，知道这些工作关键所在、所具有的特性以及具体操作的细节。这些工作是最容易授权的工作，因为你很熟悉，所以你能很容易地解释清楚，然后把这些工作委托给员工去做。

2. 对专业性强的事情进行授权

你会给家人做手术吗？不大可能，除非你碰巧是个医生。你会在法庭上做自己的辩护人吗？不大可能，除非你碰巧是个律师，你一定会寻找这一领域最专业的人来做。在公司里也是同样的道理，你必须发挥员工的专长。

要小心"超人综合征"，有些时候你需要将一些日常工作交给律师、会计、税务经理等专业人士或其他临时性的"超负荷"员工。要让你的需要与员工技能相适应，通过利用他们的才能，你可以将精力花在更有效的方面上去。

3. 对"职业爱好"进行授权

某位销售经理已经连续几年参加了在芝加哥举行的一个商业展销会。她已经把这个任务视为和旧友见面的机会，而实际上她已经不再需要再亲临那个展销会了，因为她手下的任何一个销售代表也能取得同样的工作成效——这些工作早就应该让他们去做。但她没有将这些工作交出去是因为她觉得这些工作对自己来说太富有趣味性了。其实这些想法是错误的，因为存在其他人比她更胜任这份工作的可能性。把自己最感兴趣的工作分配给其他人可能看起来是荒谬之举，然而这有可能是性价比最高的举措，正是这些让你流连忘返的工作却不足以体现出你所付出的时间和精力的价值。

4. 对发展机会进行授权

作为管理者，你首要的职责是给予你的团队成员良好的发展机会，达到这一目标的好方法是将恰当的任务分配给恰当的人。既然你清楚你的工作，也了解某些任务能使团队成员获得进步，那么，你就应该给予团队成员发展的机会。

学会对各项工作进行检查

检查工作是领导者的一项日常工作，通过检查可以发现员工在执行过程中所发生的问题，进而解决问题，把事业推向前进。

有布置而无检查，是领导者失职的表现；虽有检查，但不得其法，缺乏这方面的管理艺术，也收不到良好的效果。根据许多领导者的经验，要做好检查工作，必须从以下几个方面去努力。

1. 事先要有准备

检查工作是一件严肃而细致的事情，如果毫无准备，心中无数，就不要做这项工作，而应准备好了再说。对于检查项目，事先要有一个较详尽的计划，人力如何配备、时间如何安排、达到什么要求、采取哪些方法步骤，都应事先讨论明确，然后按照要求分工，各负其责。对于检查的重点在哪里，哪个是关键部位，何处是薄弱环节，这些问题也要基本掌握，不然就会收效甚微。

2. 不要为了检查而检查

检查下属的工作，主要是检查对路线、方针、政策的执行和落实情况，看下属是否准确迅速、积极主动、卓有成效地完成应该完成的各项任务，这是检查工作的主要目的和内容。但检查工作不是一件单一的、孤立的事情，如前所述，它也是搜集信息、考察培养干部、推进工作、提高自身管理素质的重要渠道。既然检查工作这件事有着如此丰富的内涵和重要的意义，它也就理所当然地成为领导者的一个重要职能，就应当把它放到应有的突出位置上，下大力气抓好。如果能意识到这一点，就不会为了检查而检查，或把检查工作看得过于简单，在行动上，就不会粗枝大叶，草率从事，而是自觉地把上述要求作为努力实现的目标，坚持标准，达到工作的高质量、高效益。

3. 检查要有标准

检查工作没有标准，大家就会无所遵循。一般地说，要以原来制订的目标和计划为标准，但是又不能把这个标准看得太死了。它既是确定的，又是不确定的。所谓确定的，是说必须拿目标、计划作为尺度来衡量实际工作情况，如果不这样就不成为检查工作。所谓不确定的，就是不能削足适履，硬要让客观事实符合主观认识。

在现代化大生产条件下，没有一个领导者可以洞察一切，即使是有才干的领导者，也无法靠自己来检查一切工作、掌握一切信息。所以，在检查工作中，应当充分发挥反馈系统、监督系统等职能机构的作用，或者组成临时性的专门班子，吸收各种职能机构的专家参与工作。

4. 防止主观性、片面性和表面性

主观性就是不从实际出发，戴着有色眼镜看问题，先入为主，自以为是。片面性就是不能全面地客观地看问题，只知其一，不知其二，只见树木，不见森林。表面性就是走马观花，蜻蜓点水，知其然而不知其所以然。这些都是检查工作的大忌，一定要注意防止和克服。不要抱有成见，而要一切尊重客观事实，具体问题具体分析；好话坏话都要听，缺点成绩都要看；要扎扎实实，了解真情况，获取真知识，不要浅尝辄止。

监管到位，为执行把关

战略制定与决策之后，就要付诸实施，而实施的进度、效果、结果，都必须有人来跟踪与监督。谁来监督才最合适呢？答案是：管理层。企业管理层代表一个组织，必须对这个组织的战略实施承担责任，而一旦战略付诸实施之后，企业管理者唯一能做的而且也是必须要做的就是监督。

所谓监管到位，就是对交到自己手上的工作，要检查再检查，细致再细致，考虑再考虑，以确保执行的万无一失。

为执行把关，不仅来自于执行前的再三检查，也来自于执行中对多种可能性的了解和考虑，以随时做出调整。

美国著名演说家格里·富斯特讲过一个发生在自己身边的故事，通过这个故事，我们可以更好地理解"一流把关"的含义。

作为公众演说家，富斯特意识到使自己成功的最重要一点，就是让客户及时见到他本人和有关他的材料。为此，公司还专门为他配了一名助手负责这项工作。

前后两任助手——琳达和艾米的不同表现给富斯特留下了很深的印象。

8年前，富斯特去多伦多参加一个会议。在芝加哥机场换机时，他给琳达打了个电话，以确认是否一切都已安排妥当：

"琳达，演讲的材料送到多伦多了吗？"

"6天前我就已经将材料寄出去了。"

"他们收到了吗？"

"快递公司说他们保证两天后送到。"

尽管如此，富斯特还是有点放心不下。从表面上看，琳达已经将该做的都做了，甚至还提前几天将材料交给了快递公司，为意外情况留下了时间。

但似乎还是有疏漏，那就是她没有确认结果——材料到底是否已经送达。

结果，当富斯特赶到会场时，他的材料还没有送过来，为此，他不得不将重要的话题挪后，直到材料送来。

8年后，富斯特又一次前往多伦多参加会议，同样是在芝加哥机场，转机时，想到8年前的经历，他心中有些忐忑不安，于是他拨通了后任助手艾米的电话：

"我的材料到多伦多了吗？"

"会议负责人丽西亚说材料3天前就到了。"

接着，艾米又说："另外，丽西亚告诉我听众人数可能比原来预计的多400人，为此我又多寄了600份材料，这些材料也已经到了。还有，她问我您是否希望在演讲开始前让听众手上都拿到资料。我告诉她您通常是这样做的，但这是一个新的演讲，所以我也不能确定。所以，她决定在演讲开始前才发资料，如果您不同意这样做，可以提前告诉她。我这里有她的电话号码，您可以记下来，随时跟她联系。"

艾米的一番话，让富斯特彻底放下心来。

富斯特的这个故事，充分说明了一流执行力必有一流把关的道理。

企业管理者此时就像一个检察官，要紧紧盯住关键环节、关键部门和关键人物。如果企业管理者这个检察官的角色扮演得不好，关键环节、关键部门和关键人物就容易出问题，而一旦这些地方出问题，就会影响战略的实施，就会使战略的落实大打折扣。

无数经验表明，监督不力会使公司的好举措付诸东流。为了防止这种现象的发生，"三星"在企业内部健全规章制度、严肃监督机制。公司从上到下形成了一个质量保证监督网，不合格的零部件坚决不用，不合格的成品坚决不出厂。各厂、车间、班组层层设立质量保证机构，派有专人检验质量。

没有监督就没有落实，监督到位才能落实到位。合理的监督机制、适时总结经验、查漏补缺，能够让落实工作更加完善、更加高效。

2001年，世界经济衰退波及各国，"三星"受创颇为严重，营业额急剧下滑。为了提高公司的营业额，李健熙亲自检视"三星"旗下一个重要事业部经过修正后的运营计划。他首先赞扬事业部经理带领属下为了降低公司成本而做的努力，随后他又指出事业部未达到应有的投资回报率。根据事业部的工作现状，他紧接着提出了一个值得一试的解决方案——建议这个事业部和供货商共同研拟提高存货周转率的方法，以期获得实质成效。

"你认为你该怎么做？"他询问事业部的经理，这位经理回答："如果有工程师协助，应当能大幅提升绩效，我需要20位工程师。"

他转向工程部门经理："你是否能抽调出工程师来协助完成这个计划？"

工程部门经理迟疑半分钟之久，以冷漠的语气表示："工程师们不会愿意来替事业部门做事。"

李健熙注视他良久，开口道："我确信下星期一你会指派20位工程师到事业部门。"说完后便起身离开。走向门口时，他停下脚步转身对事业部经理说道："我要你每个月固定召开视讯会议，成员包括你本人、工程人员、财务长，还有我和生产部经理，必须确保推动这项计划的进展。"

管理层在监督过程中还要注意分寸，切忌工作职责的分工使工作关系恶化。过度监督及插手，只会使员工下不了决定，无法使员工在工作中进步。喜欢打击与蔑视员工成就的老板，很难遇上愿意劳心劳力、全力付出的员工，久而久之，只能拥有一批不自动自觉、私底下充满抱怨的员工。

第四章　成败看绩效：
从"评定无标准"到"考核定标杆"

如何对员工进行考核管理？如何识别员工的表现？考核的角度及方法有哪些？怎样考核评价员工的业绩？

　　绩效管理是一个往复不断的循环，一个周期的结束，同时也是下一个周期的开始。因此在对人员绩效进行评价和回顾后，还要帮助员工找准路线，认清下一阶段的目标。领导与员工合作，对下一周期的工作重点、绩效的衡量标准、领导提供的帮助、可能的障碍及解决方法等一系列问题进行探讨并达成共识。最好的方法是让员工自己提出目标和解决方案，领导作为支撑者，帮助他们解决其中的疑难，这样员工就会干劲十足。

执行要以结果为导向

以结果为导向的管理是一种反向思考，强调一个人的能力、知识必须体现在其业绩上，衡量一个人的能力和业绩主要是看执行结果，以执行结果论成败是其根本体现。

无论做什么，到最后都只能拿成绩说话，这是衡量执行力水平的最直接的证明。评价每个人工作好坏的标准是拿"结果"说话，要实现自我发展就必须出业绩，其他的一切都没有说服力。

企业考核员工的标准只有一个，那就是——业绩。唯有业绩才能体现一个员工的价值。业绩是最能说明一切的，一直以来，许多企业都遵循"论功行赏"原则，员工有机会通过不断提高业绩水平及对公司的贡献而获得加薪。

日本的某企业，有一个著名的"烧档案运动"。就是员工过了试用期，公司当众把此员工的档案全都烧了，让大家忘记你来了多长时间。无论你是硕士、博士后、还是中专生都没有关系，大家都在一个起跑线上，按照今年的目标往前冲，看谁能达到最终的结果，目标能完成的最好，谁就是第一。而你前面的资历，你干活的态度，不是评价你业绩的重要因素。

当然，在中国还没有哪个老板实行"烧档案运动"。但我们应该清楚的是中国的老板也一样看重业绩，在他们心中最高分数的员工，一定是那些能让公司最赚钱的员工。

很多世界级企业，每到年终就会进行以业绩为主的员工排位，排在前列的员工可以说春风满面，而排在后面的员工不但脸面无光，还随时会有被老板解雇的可能。这当然怪不得老板，面对严峻的生存形势，老板只能如此。

对员工而言，通过一系列财务数据反映出来的工作业绩，最能证明你的工作能力，显示你过人的魄力，体现你的个人价值。

工作的时间越长，越能显示自己的勤奋，有些人这样认为。其实，工作效率和工作业绩才是最重要的，整天忙忙碌碌地"苦劳"但不见"功劳"，并不是有效的工作者。

"用结果说话"，不仅是公司对员工的要求，更是市场对企业的要求。企业固然需要员工具备奉献不已的黄牛精神，可是如果员工误以为这就是公司的最终要求，并进而以此自居为功臣，那等待他的将是很不乐观的下场。道理很简单，如果员工取得的业绩微乎其微，给企业创造的利润少之又少，那么整天在公司里忙得团团转，又有何实在的意义？

员工业绩匮乏，就失去了继续工作的资格；公司利润淡薄，就丧失了立足市场的理由。所以说，假设让公司对员工只提一条工作要求，那绝对是——用结果说话！反过来，如果员工想得到加薪、升职等诸多优遇，那最有说服力的武器也必将是——用结果说话！没有业绩，一切无从谈起。

更进一步讲，受利润的驱使，再有耐心的老板，也绝难容忍一个长期无业绩的员工。所以，抱有"我尽忠职守，不浪费公司资源"观念的员工，是最愚蠢不过的了。届时，即使你忠贞不贰，永不变心，老板也会变心，甘愿舍弃有忠诚无业绩的你，而留下忠心且业绩突出的员工。

不要责怪老板薄情寡义。一个企业要想长期发展，仅仅依靠员工的忠诚是不够的。一个成功的老板背后，必须有一群能力卓越、忠心耿耿且业绩突出的员工。没有这些成功的员工，老板的辉煌事业将无法继续下去。所以，老板看重业绩，势在必行。

出色的业绩对老板才最具诱惑力，才是你立于不败之地的真正王牌。无论你充当什么角色，只要能把自己的岗位工作做到尽善尽美，就是到位。

作为员工，无论你其他方面如何，工作业绩是首要的。唯有实践成果才是证明一个人的文化知识、能力的最好依据。因此，空叹不如实干，"是骡子是马，牵出来遛遛"就知道了。

而你作为一个老总，为了公平合理地对待员工，为了激励员工多出好结果，你就得首先给出一个合理的奖惩制度来，否则，就难以让人放心。

绩效管理是确保执行的提前投资

绩效管理是一个持续的交流过程，该过程由员工和他们的直接领导之间达成的协议而得以保证，双方在协议中对下面有关的问题提出明确的要求和规定：员工完成的实质性的工作职责；员工的工作对单位目标实现的影响；以明确的条款说明工作出色的含义；员工和领导之间应如何共同努力以维持、完善和提高员工的绩效；工作绩效如何衡量；指明影响绩效的障碍并排除之。所以说，绩效管理是一种让员工完成其工作、确保有效执行的提前投资。

绩效管理可以达到以下目标：使管理者不必介入到所有正在进行的各种事务中；通过赋予员工必要的知识来帮助他们进行合理的自我决策，从而节省管理者的时间；减少员工之间因职责不明而产生的误解；避免出现当管理者需要信息时而没有信息的局面；通过帮助员工找到错误和低效率原因的手段来减少错误和差错。

绩效管理要求定期举行提高工作质量的座谈会，从而使员工得到工作业绩和工作现状的反馈。有了定期的交流，到年底时他们就不会再对工作业绩吃惊。由于绩效管理能帮助员工搞清楚他们应该做什么和为什么要这样做，因此它能够让员工了解到自己的权力大小——可以进行哪些日常决策。

总之，通过绩效管理，员工将会对工作及工作职责有更好的理解并因此受益。

然而，为什么如此多的人回避绩效管理工作呢？

有人回答：是没有时间。确实，绩效管理需要时间，但是当领导以没有时间为托词时，说明他们对绩效管理能够取得的回报并不清楚。人们对绩效管理的一个普遍的误解是认为它属于"事后"讨论，目的是抓住那些犯过的错误和绩效低下的问题。这是错误的想法。绩效管理不是以反光镜的形式来找不足，而是为了防止问题发生、找出通向成功的障碍并清除之，以免日后付出更大的代价。

这就意味着绩效管理可以节省时间。因为当员工们不知道他们应该做什么、何时做和如何更好地做时，他们自然就可能将领导拖进本来属于员工自己可以处理的事务当中。当员工们自认为清楚应该做某事而实际并不清楚时，他们可能就会犯错误。一旦当员工们决策失误，就等于放了一把需要领导者介入的小火（或大火）。这些常常耗费掉领导者大量时间和精力，即介入到本来不需要处理的事务当中进行救火。

绩效管理就是一种防止问题发生的时间投资，它将保证领导者有时间去做自己应该做的事。领导者之所以说绩效管理有困难，是因为员工有时候会反击，从而将这个过程搞得很尴尬。确实，有时会发生这种情况，但并不常见，也不应该常见。原因是：当员工认识到绩效管理是一种帮助而不是责备时，他们会更加合作和坦诚相处。有关绩效的讨论不应仅仅局限于领导评判员工，而是应该鼓励员工自我评价以及相互交流双方对绩效的看法。如果领导认为绩效管理仅仅是他们对员工的要求，那么冲突将不可避免，反过来，如果看成是双方的一种合作过程，将会减少冲突。绩效管理不是讨论绩效低下的问题，而是讨论成就、成功和进步的问题，当把重点放在这三方面时，冲突将减少，因为这时的员工和领导是站在同一边的。发生冲突和尴尬的情况常常是因为领导在问题变得严重之前没有及时处理，问题发现得越早，越有利于其解决。

一些领导抱怨他们不能给员工反馈的原因是他们不能监视员工或每天盯

着他们干活。在某些特殊的情况下，领导者有必要观察一下员工的工作。但在大多数情况下，领导者的角色不是去评判他们，而是去帮助他们评价自己的工作。领导者不必总是监视他们，也不需要掌握所有的答案，但可以和员工一起共同找出答案。

绩效计划常常是员工和领导开始绩效管理过程的起点。领导和员工一起讨论，以搞清楚在计划期内员工应该做什么工作和应该达到的程度，以及其他的具体内容，如员工权力大小和决策级别等。通常绩效计划都是做一年期的，但在年中也可以修订。

绩效沟通就是一个双方追踪进展情况、找到影响绩效的障碍以及得到使双方成功所需信息的过程。持续的绩效沟通能保证领导和员工共同努力以避免出现问题，或及时处理出现的问题，修订工作职责。

为此，不妨每月或每周同每名员工进行一次简短的情况通气会；定期召开小组会，让每位员工汇报他完成任务和工作的情况；每位员工定期进行简短的书面报告；非正式的沟通（例如，领导到处走动并同每位员工聊天）；当出现问题时，根据员工的要求进行专门的沟通。

如果某一位员工没有达到议定的目标，或一个部门没有完成任务，最重要的工作就是找到原因。如果不找到原因，怎么阻止它再次发生呢？例如，某员工的指标没有完成，可能是多种原因造成的：是技术水平不够？或是工作不够努力？亦或是所在团体缺乏必要的组织？因此，问题分析非常重要，而且应该渗透到绩效管理整个过程中的每个环节。

用绩效考核衡量员工执行结果

为了了解员工在单位中的工作表现，领导可以通过系统的绩效考核来评定和测量员工在职务上的工作行为和执行效果。

1. 量化考核标准，有的放矢

进行绩效考核，首先当然要确定一个标准，作为分析和考察员工的尺度。这个标准一般可分为绝对标准、相对标准和客观标准。绝对标准是以如出勤率、废品率、文化程度等客观现实为依据，而不以考核者或被考核者的个人意志为转移的标准。相对标准是采取相互比较的方法，此时每个人既是被比较的对象，又是比较的尺度，因而标准在不同群体中往往就有差别，比如规定每个部门有两个先进名额，那么工作优秀者将会在这种比较过程中评选出来。客观标准则是评估者在判断员工工作绩效时，对每个评定项目在基准上给予的定位，以帮助评估者作评估。

制定绩效考核标准时，要针对不同岗位的实际情况，对不同职位制定不同的考核参数，并且尽量将考核标准量化、细化，多使用绝对标准和客观标准，使考核内容更加明晰，结果更为公正。同时，公布考核标准并使之得到员工认可，避免暗箱操作。考核奖惩制度不单单是针对员工的，同时也对领导起作用。当然，对领导的考核标准与一般员工的考核标准是完全不同的。

2. 让员工积极参与到绩效考核中

绩效考核最重要的一点就是让每一位员工参与进来，在接受他人考评的同时，不仅可以对自己的工作进行考评，同时还可以考评同事甚至是上司，

——考核面前人人平等，每个人都有评定和说话的权利。

由于绩效考核与员工切身的利益，如薪酬、奖金和晋升机会等息息相关，因此受到员工的特别关注。如果考核结果与员工的实际付出相差甚远，不能让员工心悦诚服，往往容易引起内部矛盾，甚至引发纠纷。而要做到公正客观，最重要的就是让员工积极地参与到绩效考核中。

3. 绩效考核的基本形式

绩效考核形式主要有上级评议、同级评议、自我鉴定等，领导还要通过下级评议，而客户服务等特殊岗位还可以增设外部客户评议等形式。如此一来，大家在给同一个人打分的过程中，会因为一些明显的分歧而进行讨论、沟通，特别是上级与下级之间，通过沟通交流最后达成共识，这样的方式不仅是对以往工作的总结，同时也有利于以后更好地协作，统一思想与步伐，为单位效力。

4. 让绩效考核真正产生绩效

单位进行绩效考核的目的，一方面是鼓励员工继续发挥和提高工作能力，丰富知识和技能，并实现优胜劣汰；另一方面，通过单位层面上的绩效考核和员工与团队层面上的绩效考核来帮助员工、团队和整个组织提升执行力。要实现单位和员工个人之间、团队与员工个人之间以及团队与单位之间的"双赢"，加强考核后的反馈与沟通势在必行。

通过考核，全面评价员工的各项工作表现，使员工了解自己的工作表现与取得报酬、待遇的关系，获得努力向上改善工作的动力，并根据考核结果评定奖金、薪酬等。但最重要的是，让员工有机会参与到单位管理程序中，发表自己的意见，并在考核的基础上改进工作中的不足，领导也可以根据员工当前的绩效水平和工作表现中不尽如人意之处提供各类培训。

只有做好了考核后反馈交流这道程序，才能让绩效评估达到帮助单位更有效地了解员工动态，提高工作效率的作用；对于员工个人来说，也可以帮助其进行决策，如是否改变自己的职业选择等。如果员工意识到自己尽管接受了某些培训，但工作表现仍无法达到期望目标，那么就应该寻求职业的改变：或在内部进行工作转换，或向外重新选择职业。

绩效评估应准确而具体

业绩评估包括确定目标、鉴定取得的成果和制定业绩评估标准。这些标准对每位员工的职责评价应该都是适用的。评估中应该注重以下三个方面。

（1）评估员工的工作表现，避免人身攻击，也就是对事不对人。

（2）评估要有效、具体，而不是泛泛之谈或夹杂着强烈的主观情绪。

（3）与员工就改进工作和与领导共事达成一致意见。

在进行业绩评估时，应该向员工表明，评估针对的是具体的行为或业绩，而不是针对个人。这是建立"同一立场"思维方式的关键。只有这样，领导才有可能和员工共同探讨如何解决执行过程中存在的问题。

举个例子来说明。

上司：你总是迟到。你们部门的一些人认为你很懒。

员工：我不懒。如果你也这样认为，那么你根本不了解我。

由于领导的话语中流露出这个员工"懒惰"的看法，因此马上与员工之间产生了个人品性、感情和争辩等一系列问题。刺伤了员工的感情，以致使员工忽略了绩效的问题。更有甚者，领导也许会忍不住责骂员工"粗鲁迟钝"，这非常接近人身攻击。其实，在上面的例子中上司说员工总是迟到，这是很不具体的。所以，如果要把迟到作为员工实际的工作表现，就必须将其进行量化。比方说：到今天为止，15天中你总共迟到了5次。

如果上司能以"同一立场"的思维去对待员工，那么情况可以有所改善。

上司：你要注意，上班要准时。一些客户在上午8点打电话找你，你却不在办公室。

员工：你说得对。只有依靠他们，我才能有现在的业绩，我会注意的。

上司：有什么需要我帮忙的吗？

做到具体化，最好是用数据或书面材料说明，事实才不会被情感所代替。事实最具说服力，情感却会促使员工为自己的过失进行辩解，并继续其不良表现。

在业绩评估时要与员工进行有效沟通，建立"同一立场"的思维方式很重要。如果运用得当，可以取得很多优势。

认识到员工的工作业绩之所以不理想可能是管理不当的结果；要特别注意自己该做些什么和说些什么；一旦意识到自己的职责所在，就会采取措施加强和员工之间的联系，使其在平等的基础上发挥最大的效用。

能对员工的工作表现提出自己的意见，从而让他们意识到要成为单位优秀的一员应具备的条件。

对于员工良好的工作表现，应及时加以肯定并予以鼓励。还可以提出对员工的更高期望值，激励员工更加努力。

作为领导，你掌握了另一种帮助员工解决问题的工具，这是你最重要的工具之一——取得成效的工具！

因此，通过对员工进行业绩评估，你和你的单位就能获得有用的反馈意见，这可以帮助你们优化人力资源。通过评估，你可以和员工共同制定新的目标，并重新组织员工来取得最大的成效。部门的发展必须体现出全体部门员工的利益、能力和追求。只有用"同一立场"的思维来看待周密安排的业绩评估，你和你的员工才能共同制定一致的目标。

"同一立场"的思维方式能使你用积极的心态去看待员工们在过去做出的业绩。同时，作为员工的良师益友，也应从解决问题的角度，指出员工存在的不足并帮助他们改进自己的工作。

进行全视角绩效评价

　　不同的人对同一工作得出的印象是不相同的。正是根据此原理，管理者开发出了全视角绩效评价系统，用于提升员工的执行力。该系统通过与被评价者有密切关系的人，包括被评价者的上级、同事、下属和客户等，分别匿名对被评价者进行评价，被评价者自己也对自己进行评价。然后，由专业人员根据有关人员对被评价者的评价以及被评价者的自我评价向被评价者提供反馈，以帮助被评价者提高其执行水平和业绩。

　　据最新调查，在《财富》排出的全球1000家大公司中，超过90%的公司在职业开发和绩效考核过程中应用了全视角绩效评价系统。全视角绩效评价系统之所以如此盛行，就在于它有以下几项优点：

　　（1）综合性强，它集中了多个角度的反馈信息；

　　（2）信息质量相对比较可靠；

　　（3）通过强调团队和内部、外部顾客，推动了全面质量管理；

　　（4）从多个人而非单个人那里获取反馈信息，偏见对考核结果的影响可以得到部分消除；

　　（5）从员工周围的人那里获取反馈信息，可以增强员工的自我发展意识。

　　全视角绩效评价的主要目的，不应是对员工进行行政管理，如提升、工资确定或绩效考核等，而应该是服务于员工的发展。实践经验显示，当用于不同的目的时，同一评价者对同一被评价者的评价会出现差异；反过来，同样的被评价者对于同样的评价结果也会有不同的反应。当全视角绩效评价的主要目的是服务于员工的发展时，评价者所做出的评价会更客观和公正，被评价者也更愿意接受评价的结果。当全视角绩效评价的主要目的是进行行政管理，服务于员工的提升、工资确定等时，由于牵涉到个人的利益，所做的评价公正性会削弱，被评价者也就会怀疑评价的准确性和公正性。因此，当公司把全视角绩效评价用于对员工的行政管理时，一方面可能会使得评价结果不可靠，甚至不如仅仅由被评价者的上级进行评价；另一方面，被评价者很有可能质疑评价结果，造成公司内部关系紧张。

全视角绩效评价一般采用问卷法。问卷的形式分为两种：一种是给评价者提供5分等级，或者7分等级的量表（称为等级量表），让评价者选择相应的分值；另一种是让评价者写出自己的评价意见（称之为开放式问题）。二者也可以综合采用。从问卷的内容来看，可以是与被评价者的工作情景密切相关的行为，也可以是比较共性的行为，或者二者的综合。

目前，市场上常见的评价问卷都采用等级量表的形式，有的同时包括开放式问题。问卷的内容一般都是比较共性的行为。采用这种问卷进行全视角绩效评价有两个优点。首先，成本比较低。美国CCL公司提供的全视角绩效评价问卷，包括1份自评问卷，11份他评问卷，其价格只有大约200美元。其次，实施起来比较容易。采用现有的全视角绩效评价问卷，公司所需要做的事情就是购买问卷，发放问卷，然后将问卷交给供应商统计处理，或者按照供应商提供的方法进行统计处理就够了。但是，这种方法也有其不足，最主要的一点就是问卷内容都是共性的行为，与公司的战略目标、公司文化、具体职位的工作情景的结合并不是很紧密，加大了结果解释和运用的难度，会降低评价的效果。

因此，一些公司开始编制自己的全视角绩效评价问卷。采用这种方法编制的问卷，能确保所评价的内容符合本公司的具体要求，并使得评价结果能更好地为公司服务。

在实际工作中，越来越多的公司开始采用折中的方案。即先从外部购买成熟的问卷，然后由评价者、被评价者和人力资源工作者共同组成专家小组，判断问卷中所包括的行为与拟评价职位的关联程度，保留关联程度比较高的行为。最后，再根据对职位的分析，增加一些必要的与工作情景密切相关的行为。采用这种方式，既能降低成本，同时也能保证问卷所包括的行为与拟评价职位具有较高的关联性。

在进行全视角绩效评价时，一般都是由多名评价者匿名进行的。采用多名评价者，确实扩大了信息搜集的范围，但是并不能保证所获得的信息就是准确的、公正的。同样，虽然匿名评价可能会使评价结果更加真实，但是更真实的评价并不一定就是更有效的。

在全视角绩效评价的过程中，受到信息层面、认知层面和情感层面因素的影响，可能会导致所获得的评价结果不准确、不公正。从信息层面来说，评价者对被评价者的情况不是特别了解；而由于没有掌握相应的信息，或者了解的信息是不全面的，会使评价结果出现误差。

确保绩效评价的公正

从认知层面来说，评价者可能只是根据他们对被评价者的整体印象，而不是具体的行为表现来对被评价者进行评价。

从情感层面来说，评价者可能会无意识或者有意识地歪曲对被评价者的评价。为了维护自己的自尊，一般的被评价者在评价时，会给自己较高的评价，而给其他人以较低的评价。

在同一公司工作的员工，既是合作者，又是竞争者，考虑到各种利害关系，评价者有时还会故意歪曲对被评价者的评价。比如，可能会给跟自己关系好的被评价者以较高的评价，给跟自己关系不好的被评价者以较低的评价。

由于以上原因，如果不对评价者进行有效的培训，会导致评价结果产生很多误差。为了提高评价结果的准确性和公正性，在进行全视角绩效评价之前，应对评价者进行选择、指导和培训。在培训的时候，最好能让评价者先进行模拟评价，然后根据评价的结果指出评价者所犯的错误，以提高评价者在实际评价时的准确性和公正性。

虽然评价是全视角绩效评价中的重要一环，但是全视角绩效评价最后能不能改善被评价者的业绩，在很大程度上取决于评价结果的反馈。评价结果的反馈应该是一个双向的反馈。一方面，应该就评价的准确性和公正性向评价者提供反馈，指出他们在评价过程中所犯的错误，以帮助他们提高评价技能；另一方面，应该向被评价者提供反馈，以帮助被评价者提高能力水平和业绩水平。当然，最重要的是向被评价者提供反馈。

在评价完成之后，应该及时提供反馈。一般可由被评价者的上级、人力资源工作者或者外部专家，根据评价的结果，面对面地向被评价者提供反馈，帮助被评价者分析在哪些方面做得比较好，哪些方面还有待改进，该如何改进。同时还可以比较被评价者的自评结果和他评结果，找出评价结果的差异，并帮助被评价者分析其中的原因。

在全视角绩效评价实施过程中，会出现一些问题，比如：员工可能会相互串通起来集体作弊；来自不同方面的意见可能会发生冲突；在综合处理来自各方面的反馈信息时比较棘手。

因此，当英特尔公司在建立全视角绩效评价系统时，他们采取了一些防范措施，以确保考核的质量。

1. 匿名考核

确保员工不知道任何一位考核小组成员是如何进行考核的（但主管人员的考核除外）。

2. 加强考核者的责任意识

主管人员必须检查每一个考核小组成员的考核工作，让他们明白自己运用考核尺度是否恰当，结果是否可靠，以及其他人员又是如何进行考核的。

3. 防止舞弊行为

有些考核人员出于帮助或伤害某一位员工的私人目的，会做出不恰当的过高或过低的评价。团队成员可能会串通起来彼此给对方做出较高的评价。主管人员必须检查那些明显不恰当的评价。

4. 采用统计程序

运用加权平均或其他定量分析方法，综合处理所有评价。

5. 识别和量化偏见

查出与年龄、性别、民族等有关的歧视和偏爱。

从英特尔公司的经验来看，虽然全视角绩效评价系统是一种很有实用价值的绩效考核方式，但它与任何一种考核技术一样，其成功亦依赖于管理人员如何处理收集到的信息，并保证员工受到公平的对待。

如何才能获得最满意的考核结果

在绩效评估工作的实质性阶段，管理者要达到这样一个目的：通过对业绩进行评定，综合各方面的因素，得出有益的评估结果，并顺利地传达给员工。

记住，只有员工完全明白了管理者对他们的要求，他们才能遵照执行。另外，管理者一定要让他们意识到不按要求做的后果。只有做到这一点，对员工的工作说明书进行仔细分析，讨论工作职责、工作要求和工作成绩，才能保证执行得到应有的效果。

作为领导，问问你自己：这次业绩评估你给员工提出的目标是否应该在数量上加以限制？一次谈话员工能够接受多少批评意见呢？在半年或者一年内就要求员工在诸多方面取得进步也许期望太高。然而，你应该清楚员工到底能够取得哪些成绩，并请员工作出相应的承诺。

计划一下，看你打算如何帮助员工认识提高工作业绩的必要性。服从并不等于接受，只有员工自己表示要改进自己的工作，你才能得到最满意的结果。

对于改进员工自己的工作，有两点需要明确：

（1）让员工自己制订具体的改进计划。

（2）把改进和改正区分开来。改正是改变总目标，改进则是朝着正确的方向迈进。

如果员工的工作仍然没有起色，或者该员工缺乏改进自己工作的能力或愿望，那你可以和他再一次进行交流，如果还是不行，只好让他走人。

现在再来看看那些工作出色却不能获得提拔的员工。这些员工分为两种：一种是明明知道但却接受得不到提拔的现实；另一种是对此一无所知或者不肯接受。每个公司都有应该提拔却不予提拔的员工。

出于多种原因，工作出色并不一定就能得到提拔。对于那些不可能得到提拔的员工，你必须把他们的工作目标讲清楚。关键要落实以下几点。

（1）采用什么方法可以让这些员工继续出色地工作？这些员工需要你不断地进行鼓劲。

（2）如何激励这些员工？首先得看他们未曾得到满足的要求。

（3）如何激励这些员工？经常委以重任，适当下放你的权力。

（4）你如何丰富他们的工作内容，让他们承担更具挑战性的任务？与授权不同，工作内容的变动是永久性的，别人在工作中会碰到，你自己在工作中也可能碰到。

（5）能不能鼓励他们多参与管理，让他们更多地参与决策？

（6）他们有没有能力辅导其他员工？要认识到，传播知识对公司的成功是一种重要的贡献。

相对来说，与工作出色而且将得到提拔的员工谈话容易得多。现在你的任务是注重他的新工作，而不是他的现实表现。反复向他说明尽管他将承担新的工作，但他现在仍然要像原来一样努力工作，新的工作只会让他干得更出色。

听听员工以后的实际打算并与他共同制定未来的规划。员工可能的发展举措包括：

（1）现行工作的开展；

（2）个人培训；

（3）对新岗位或新职位的打算和安排；

（4）业余时间的打算；

（5）专题讨论会、学术会议、工作会议；

（6）自我发展和自学计划；

（7）大学进修和攻读学位。

无论员工表现好坏，能否得到提拔，与他谈话时你都可以参考以下行为准则：

（1）以你的工作日志和评估表为准；

（2）从优点说起；

（3）尽量使你的分析与员工的自我鉴定统一；

（4）谈话时随时准备停下来倾听员工的意见；

（5）了解员工对你的分析有何意见；

（6）员工对你的评估提出意见之后，你要予以说明；

（7）做不到的事不要答应对方。

评估进行到执行工作改进计划这个阶段，你可以确认以下几点：

（1）在规定的时间内员工应该完成的具体任务；

（2）在同一时间范围内你应该完成的具体工作，以帮助员工改进工作，克服困难和障碍。

接下来，你应该将你们商量好的计划制成文件，以便双方遵照执行。计划应该包括：

（1）员工得到改进所必须完成的具体工作；

（2）你帮助和支持员工所要完成的具体工作；

（3）为了使员工工作顺利、更令人满意、更有发展前途所要做的具体工作。

所列出的以上具体任务应该成为你工作的重点。另外，该计划应该包括长期目标和短期目标。你还应该制订一个行动计划，并把其划分为可行的具体步骤。

你可以按以下办法制订行动计划：

（1）询问员工愿意承担的工作；

（2）你想让员工承担的工作，并请员工提出补充建议；

（3）商定员工首先要做的工作；

（4）询问员工你该提供的帮助；

（5）你觉得能为员工做些什么，请员工提出补充建议；

（6）与员工商定其所要做的具体工作和完成的时间；

（7）将上述内容记录在案。

改进绩效评估体系，激发工作热情

努力留住人才的雇主当然不愿意看到员工对企业丧失信心，然而，不完善的或糟糕的绩效评估体系往往会导致这样的结果，这也影响了员工在执行上的热情。

当莫特知道他会得到晋升的时候，感到非常激动。他认为新职责范围会扩大，会有一次加薪机会。升到新职位后不久，当人力资源部进行绩效评估时，他的期望又进一步升高，认为离大幅度涨薪的日子不远了。

但是时间过去了六个月，评估还没有结束，加薪也无着落。而且，莫特从来没有接受过试用期绩效评估。这个绩效评估本来也应该会给他带来小幅加薪的。

就这样，在一年之内，莫特看到三次涨薪的机会从他的指缝中溜走，因为要么没有绩效评估，要么就是绩效评估没有结束。他将他的感受归纳为一句话："我被骗了。"

当评估不公正、不及时、不精确时，企业就没有办法对优秀员工进行奖励，对处于边缘的员工提供激励和指导，对工作低于标准的员工给予及时和适当的反馈。

那么，如何对那些令人不太满意的绩效评估体系进行改进呢？在此提出一些措施供参考。

要决定绩效评估体系中包含的内容是件令人头痛的事，专家建议绩效评估过程和文件要尽可能简单。

必须避免使用长达十几页的评估表格或多达近百项的评估指标，因为这会让人忘了评估本来的目的。

简化的评估表格有好多优点，包括评估中的一致性。这一点已由美国爱达荷州州长办公室中的实践所证明。该州行政官员安·哈尔曼认为，过去使用的绩效管理体系包含了太多的指标，导致评估缺乏一致性。例如，对于同一个员工的考核，某一个经理会想："既然你一直在做你的工作，说明符合该岗位的绩效要求。"但另一位经理会想："你在这儿已经有些年头了，闭着眼睛也可以做，肯定超过企业的绩效要求了。"

哈尔曼对绩效体系作了改进，推出了该州新的绩效管理体系。在这个新系统中，评估层次从5个降为2个：你要么达到绩效标准，要么没有达到。

很多人担心这样做不能将员工区分，但区分的区别在于标准的设定。如果领导者能找到好员工的标准，并将其放入评估表，那么一切都顺理成章。

当然制定评估标准时必须保持灵活性。用一把尺子衡量所有人是不行的。有些能力，如"团队精神"适用于每个人，可以在这些方面对每个人都评分。但是，诸如"战略敏捷性"等就只适用于副总裁以上的管理层或只适用于特定的群体。

麦斯公司是一家网络基础软件公司。该公司商务经理米歇尔在诠释其绩效管理体系时说："各关键指标的总体定义能适合每个员工，但为了确保灵活性，对于每项工作，指标的要求不同。"例如，一项衡量客户服务的标准可以被应用于面对内部客户的职位（如人力资源或信息技术支持部门）或面对外部客户的职位（如销售人员）。"要推动你的员工，但又不能设立太高的标准，以至于每个人都达不到。"米歇尔强调，"但如果每个人的表现都出类拔萃，那么你的标准可能设定得不够具有挑战性。"

标准应该尽可能地清晰和可衡量。想一想那些溜冰裁判，他们给溜冰者彼此之间的评分仅有几分的差距。他们之所以如此精确，是因为他们明确地知道他们要寻找什么。

另外一个是员工参与问题。在麦斯公司的评估体系中，员工目标必须由员工和经理共同讨论完成。这有两个原因，"首先，员工会关注被期望达到的目标，这是很好的自我反省。"某著名咨询公司的人力资源咨询总监科琳·奥尼尔说，"其次，这些自我评估可以帮助经理看到每位员工的盲点。"

选择评估时间也是一项非常重要的工作，会对评估的有效性产生影响。现在，很多公司都从在单个员工的工作周年日评估转向所有员工集中在一天进行评估，必须考虑这一措施的优劣，然后再决定哪一种方法最适合他们的组织。例如，集中一天评估使得评估体系和公司预算、计划一致，员工的绩效和贡献可以与公司全年目标对照，更精确地衡量。但是，对于计时制的工人或那些经常变换岗位的人，则可能仍需要在其个人的工作周年日进行评估。

作为管理者，你可以问自己：人们是否真的在运用这个评估体系？你从员工意见调查中得到的员工抱怨是不是越来越少？你是否看到员工和岗位越来越匹配？通过这些问题，可以判断这个评估系统是否取得了成功。还可以通过调查来衡量新的绩效评估系统是否成功，比如员工是否明白被期望的目标，讨论是否如期举行。"看一下企业运营结果和评估结果分布之间的关系，"奥尼尔说，"是不是每个人的评估结果都很杰出，业务却在衰退？是不是所有的销售人员评估时都拿到了5分，但销售却在下降？"总之，在已经建立起绩效评估体系后，人力资源部门还可以走得更远一些。

怎样进行绩效考核后的面谈

在绩效面谈中，比较可行的面谈流程、技巧如下。

1. 面谈准备要充分

领导在面谈前应做好两方面的准备：一是心理准备，要事先了解下属的性格特点，工作状况，充分估计到下属在面谈中可能表现出来的情绪和行为，准备可能的应对策略；二是数据、资料准备，如：工作业绩、计划总结、管理台账等。在面谈前，领导对有关资料要谙熟于胸，用科学的数据、事实来证明自己的观点，这样上下级的分歧就很小。这就需要建立管理台账，及时记录员工的行为表现，对员工的计划、总结、报告也要及时批示评点，这样在面谈的时候才能言之有物，避免了对下属工作误评、提不出意见的窘况。另外，通过轻松的话题来培养融洽的气氛，面谈开始后就把面谈程序、目的和原则讲清楚，也是不可或缺的环节。

2. 双向沟通，多问少讲

面谈是一种双向沟通的过程，发号施令的领导很难实现从上司到"帮助者""伙伴"的角色转换，只有给下属充分的表达机会，才能有效地了解下属的问题和想法。首先要感谢下属这一阶段的工作贡献，引导下属说出工作中的酸甜苦辣，以及其对问题的看法分析等，让下属自己思考和解决问题，表达心声。对有双方存在歧义的地方，要让下属陈述和解释。

3. 领导要善于发现下属的闪光点，分享下属的经验

尤其对绩效不佳的员工，也要表扬其好的一面，树立其信心，让其再接再厉，把工作做好。同时，领导给下属的反馈要尽量具体，无论批评还是表扬，都要针对员工的具体行为或事实进行反馈，避免"你的态度很不好"或是"你的工作做得不错"这类空泛的陈述。另外，模棱两可的反馈不仅起不到激励效果，反而易使员工产生不确定感。

4. 问题诊断与辅导并重

一旦发现下属绩效低下，双方要立刻查找原因：是组织因素还是个人因素，是目标制定得不合理还是人员能力、态度有问题。如果是客观原因造成员工绩效下降，领导要及时协调各方面的关系和资源去排除障碍。诊断辅导的过程就是让员工树立"领导就在身边，在前进的过程中会随时得到领导的帮助"的认识。这样就不会有抱怨连连的现象发生。诊断辅导过程中对事不对人的原则一定要牢记，领导只能说下属工作中存在的问题，而不能涉及人格问题。最好不要将他和其他员工作比较，而是与他的过去业绩相比。当员工犯了某种错误或做了不恰当的事情时，领导应避免用评价性标签，如"没能力""真差劲"等，而应当客观陈述事实和自己的感受。

5.面谈沟通是一个持续的过程

考核和面谈的时间很短，但绩效沟通贯穿于工作的全过程。绩效管理的核心就在于通过持续动态的沟通真正地提高个人和组织绩效和执行力。不懂沟通的领导不可能拥有一个高效的团队。领导与员工在目标实施过程中随时保持联系，及时排除遇到的问题和障碍，考核结果也就不会出乎意料。因为在平时的沟通中，员工已经就自己的工作和领导基本达成了共识，因此绩效面谈也就变成了对平时讨论的一次复核和总结。

绩效考核应避免的几点误区

下面是常见的业绩考评的误区及其应对方法。

1. 对考评指标理解误差

由于考评人对考评指标理解存在差异，因而造成误差。同样是"优、良、合格、不合格"等标准，但不同的考评人对这些标准的理解会有偏差，同样一个员工，对于某项相同的工作，甲考评人可能会选"良"，乙考评人可能会选"合格"。避免这种误差，可以通过以下三种措施来进行。

（1）修改考评内容，让考评内容更加明晰，使能够量化的尽可能量化，这样可以让考评人能够更加准确地进行考评。

（2）避免让不同的考评人对相同职务的员工进行考评，尽可能让同一名考评人进行考评，员工之间的考评结果就具有了可比性。

（3）避免对不同职务的员工考评结果进行比较，因为不同职务的考评标准不同，所以不同职务之间的比较性差。

2. 光环效应误差

当一个人有一个显著的优点的时候，人们会误以为他在其他方面也有同样的优点，这就是光环效应。在考评中也是如此，比如，被考评人工作非常积极主动，考评人可能会误以为他的工作业绩也非常优秀，从而给被考评人较高的评价。在进行考评时，被考评人应该将所有考评人的同一项考评内容同时考评，而不要以人为单位进行考评，这样就可以有效地防止光环效应。

3. 趋中误差

考评人倾向于对被考评人进行"中庸"式的考评，结果难免会产生趋中误差。这主要是由于考评人害怕承担考评失误的责任或对被考评人不熟悉所造成的。在考评前，通过对考评人员进行必要的绩效考评培训，消除考评人的后顾之忧，同时避免让被考评人不熟悉的考评人进行考评，可以有效防止趋中误差。

4. 近期误差

由于人们对新近发生的事情记忆深刻，而对以前发生的事情印象较浅，所以容易产生近期误差。考评人往往会用被考评人近一个月的表现来评判其一个季度的表现，从而产生误差。消除近期误差的最好方法是考评人对被考评人每月进行一次当月考评记录，在每季度进行正式的考评时，参考月度考评记录来得出正确考评结果。

5. 个人偏见误差

考评人喜欢或不喜欢(熟悉或不熟悉)被考评人，都会对被考评人的考评结果产生影响。考评人往往会给自己喜欢(或熟悉)的人较高的评价，而对自己不喜欢(或不熟悉)的人给予较低的评价，这就是个人偏见误差。采取小组评价或员工互评的方法可以有效地防止个人偏见误差。

6. 压力误差

当考评人了解到本次考评的结果会与被考评人的薪酬或职务变更有直接的关系，或者惧怕在考评沟通时受到被考评人的责难时，鉴于上述压力，考评人可能会作出与事实偏差较大的考评。解决压力误差，一方面要注意对考评结果的用途进行保密，一方面要在考评培训时让考评人掌握考评沟通的技巧。如果考评人不适合进行考评沟通，可以让人力资源部门代为进行。

7. 完美主义误差

考评人可能是一位完美主义者，他往往会放大被考评人的缺点，从而对被考评人进行较低的评价，从而造成了完美主义误差。解决该误差，首先考评人要理解考评的原则和操作方法，其次可以增加员工自评，与考评人考评进行比较。如果差异过大，应该对该项考评进行认真分析，看是否出现了完美主义错误。

8. 自我比较误差和盲点误差

考评人不自觉地将被考评人与自己进行比较，以自己作为衡量被考评人的标准，这样就会产生自我比较误差。考评人由于自己有某种缺点，而无法看出被考评人也有同样的缺点，这就造成了盲点误差。这两种误差的解决办法是将考核内容和考核标准细化和明确，并要求考评人严格按照考评要求进行考评。

领导要稳　执行要狠

第五章　用心做沟通：

从"固执地一错再错"到"心有灵犀一点通"

当你告诉员工做错了，他们却说"我觉得是对的"时，你该怎么办？

　　为什么管理者容易做到心领神会，而员工却常常执迷不悟？

　　通常情况下，都是通过管理者与员工之间的沟通来推动执行的，这样就存在一种状况，经常沟通的员工容易理解管理者的意图，而不常沟通的员工则闭门造车，其执行后果自然会造成很大的偏差。对于领导者来说，就是要用心去做沟通，让每一位员工把自己内心的想法说出来，如此才能解开沟通中的症结，切实提高团队成员的执行力。

沟通做到位，执行不错位

沟通不到位，执行会失误。沟通做到位，执行不错位。有下面这样一个例子说明了这一问题。

一个护理医院的领导Jenny，手下有7个管理人员和125个员工，董事会决定裁去5个员工，因此她在星期五的早上寄出125封信，把她准备裁员的计划向125个员工作了陈述。到了星期一的早上，当Jenny步入办公室时，她感到十分异样，她发现所有的人——管理人员和员工似乎都炒了她的鱿鱼，因为她在那天早上失去了她以往的权威，所有的指挥全部失灵了。Jenny犯了一个严重的错误：缺少沟通。第一，她没有与她的7个管理人员沟通，7个领导者全然不了解她在上个星期五所做的事情。第二，她没有选好适当的方式，她发出的125封信使每个员工感到不安全，因此他们在星期一早上联合起来抗议Jenny的计划。

虽然裁员可能是董事会的决定，但一位领导者要想办好这件事，却需要一定的工作能力和管理方法。缺乏沟通研究，将对管理工作不利，阻碍决策和计划的执行。

领导者应当重视内部沟通，把谈心这种最直接、最具亲和力的沟通方式应用到企业管理中来，为执行的顺利进行打开心理上的通道。

1. 与员工进行有效沟通有助于企业科学决策

在微软公司，由于人员分布在100多个国家和地区，公司给每一个员工提供一个免费的网址，用于和公司内任何人进行交流，包括与最高层人物谈心。这种即时互动的交流，确保了微软在世界各地的决策能够集思广益，提高了决策的科学性。

2. 与员工进行有效沟通能直接展示领导者的人格魅力

人格魅力在企业管理中具有很好的感染力和示范效应。通用汽车前总裁韦尔奇是一位与人沟通的高手，有很高的谈心技巧：他能说出1 000名公司高级管理者的名字和职务，熟知公司3 000名管理者的表现，并根据他们的表现授奖。韦尔奇还善于采取非正式方法与员工沟通：有时他会突然造访某个工厂或办公室，有时又会临时安排与下属共进午餐，工作人员还会从传真机上见到总裁的亲笔批示。

3. 真诚沟通也是留人的一种技巧

公司不仅要以事业留人，还要以感情留人。有这样一个故事：公司一名很优秀的员工要辞职，该员工的上司觉得单位很需要这个人，要想办法让他留下来。经过交谈上司了解到，这名员工不满意他用电子邮件发指令的方式，但未向他提起过。了解了内情之后，上司主动和这位员工促膝交谈，留住了这名优秀员工。

4. 有效沟通还有助于公司创名牌

松下公司很多产品的开发都是在与用户及员工的交谈中获得灵感的。如果员工有新的创意，松下甚至会拨一笔专款，让他去另开办一家工厂，实现他的创意。在这些交流中，公司不仅能够充分倾听到员工的意见，解决了员工悬而未决的问题，同时更便于找准经营思路，创出品牌。

有人以为沟通只要做到人际交往时不隐瞒、真实地表达本意就行了。其实这还不够。确实，不以诚相待就根本谈不上良性沟通，但往往真知灼见在合理碰撞时也会不欢而散。因此，沟通不仅需要真实，也需要技巧。

以下是沟通的五个小技巧：

（1）对人对事皆以真诚欣赏与赞美为前提；

（2）先说自己错在哪里，然后才指出别人的错误；

（3）说话要顾及别人的面子；

（4）只要对方稍有改进即加以鼓励；

（5）嘉勉要诚恳，赞美要大方。从人性的角度看，每个人都是想被他人认可的。

让员工直接说出自己的看法

要想办法让员工把看法说出来。直接沟通可以让领导与员工的心贴得更近，让执行更有效。

员工们常常会有一些上级不曾想到的见解。对于工作怎样完成，要同谁打交道，自己拿到手要处理的工作会产生什么问题，员工们心里考虑的非常清楚。如果忽视他们的见解甚至对这些见解不屑一顾，管理者就失去了能使组织执行得更好的宝贵信息。忽视员工的想法，这样的做法一旦固化，员工就有可能不会再提任何建议。

李嘉诚是一个善于沟通的人，他认为在团队中，要和别人有效地沟通必须要懂得倾听。李嘉诚经常讲到一个问题："森林中一棵树倒了下来，那儿不会有人听到，那么能说它发出声响了吗？"借用这个道理，李嘉诚反问："在一个团队里，如果你说话时没人听，那么能说你进行沟通了吗？"

李嘉诚在一次给中层领导的演讲中提到："如果在一次互动中，有人提出一些与你不同的意见，你粗鲁地警告别人不要自大，甚至打断对方说话，那么几次之后，所有的人都不会再有勇气对你的意见进行反驳了，连正直的人也会冷眼旁观，你就变成了孤家寡人。大家发言时都会只看你的态度，所谓的互动成了你的'一言堂'。正确的做法是，你应该告诉那个提出批评的人：'好的，让我们仔细讨论你的意见，首先听听大家的意见，然后我们再进行选择。'"

要想成为有效的领导者，就必须和大家沟通，明确表示你愿意随时听取他们的意见。

1. 要让员工敞开心扉，表达对领导的看法

领导者对每一种观点都要加以考虑，并予以认真评述。但不要和员工争论或者试图纠正员工的看法，你应该感谢他们，并从他们的角度来理解这些意见。你要下决心聆听和考虑员工的意见，创造一种多听他人意见的气氛，这样才能对自己的行为做出明智决定。通过征求并接受反面意见，可以了解下属对你的期望，而不必去揣摩他们的想法。

好的征求反馈的方法有助于做好这件事。避免使用疏远别人或令人感到难堪或是备受责备的言辞。比如可以这样说："我一直在考虑自己的领导作风。我知道大家觉得我……"

类似的话语向听者表明：你知道自己做的某些事不受人欢迎，也表示你对所做的这些事情是负责的。另外，由于你愿意与对方谈论一些个人的事情，听者还会因此而感到自己受到重视。这是使别人站到你这一边的关键一步。他们会帮你实现你所希望的变化。不要讲："我听说，你说我……"这听起来有指责的味道。不要牵涉到对方，而要只谈自己。

2. 要让对方告诉你，你做的事情让别人对你有何种看法

可以这样问："据你观察，我的做法是否让别人对我有这种看法？"

这样问就表明：你知道自己做的某些事情使大家产生了看法；但你不知道是哪些事，而对方知道；对方可以告诉你。

这时应该明确表示你并不像别人所说的那样，并且说明你打算改变这种情况。可以这么说："你知道，我不希望别人这样看我，我希望能改变大家的看法。"你没承认也没有否认别人的看法，也没有责备谁错了。你只是表明不希望别人用目前的这种看法看待自己，而且希望有所改变。仅仅是这种做法，就可以使别人对你有新认识。

3. 征求下属的建议

询问下属希望你怎么做。不要问只用"是"或"不是"就能回答的问题。如果问那样的问题，为了避免可能出现的不快，别人很可能会随口附和你，但他们对你的看法却不会有所变化。

如果你让别人有机会告诉你，他们如何看待你和你的所作所为，反过来他们也会给你提供一些信息，帮你更有效地领导他们，更好地与他们共事。最终，他们对你的看法也会改变。要表明自己的诚意，就要用毫无威胁感的方式不断征求反面意见，要明确、不断地向员工们说明。因为，员工通常不愿表示出与上司相左的意见。你欢迎不同的看法，而且会认真对待这些意见，还需要你用行动来证明你的诚意。

如果相信上级能够倾听并考虑自己的想法，员工们会更加服从指挥，更加拥护上级的决策。如果不鼓励员工进行思考，他们就不愿意开动脑筋，他们会一字一句地按上级旨意执行，直到有更高层管理人员发现这样做事行不通为止。

改进沟通的几点措施

　　企业中往往会存在缺乏沟通的问题，这对组织的执行力的整体提高极为不利。企业家、领导者应当冲出缺乏沟通的困境。当然，企业中缺乏沟通也可能是领导者自身存在的问题：你与别人沟通的方式会影响别人与你沟通的方式。作一次自我评估，你会发现别人都在效仿你。因此，要改进企业中的沟通现状，自己要首先行动起来。

　　当然，在改进沟通前，你要让沟通的重要性以及改进沟通的重要性为每个员工所知。你可以召开一个未事先通知的不让员工准备的会议，在人们到场时，让每个人都对自己小组内部的沟通程度作出评价，用1～10之间的数字表示评价的高低。同时，让他们对整个企业的沟通情况提出看法，并且要求他们把意见写在卡片上，以便在会议上传阅，当然也可以使用挂图式投影仪作图示讲解。由于事先没有准备，人们会提出自然、未经深思熟虑的看法。最后，要找出两三种方法来改进企业的沟通状况，让自己的领导成员接受这些建议并认真去做。这样，改进沟通状况就有了一个起点。

　　以下的几种方式对于改进沟通状况或许有很大的帮助。

1. 建立联系

　　有很多方法能使领导成员和企业人员联系起来，如开会，共同完成一个任务，午餐闲谈，晚餐闲谈和个人交往。如果沟通遇到地理上的障碍，就应派人花些时间，带着明确的目的到一些不同的地点去。

2. 尊重不同意见

不同背景、不同文化、不同民族的人会有不同的价值观。对文化差异的研究会增进业务上的沟通，能在你的领导成员中形成相互理解、信赖和尊重的和谐关系。

3. 重视通讯工具的选用

现在的通讯方式多种多样，电子邮件、电话、传真、视频会议、卫星中继等为人们提供了多种选择，方便了人们沟通，尤其是人与人之间的电话来往更是具有很大的价值，其方便、快捷是其他方式所不能代替的。面对面的交往也很重要，尤其是深入的交谈更应当鼓励。

4. 鼓励沟通信息和想法

可以采取以下方式：论坛、圆桌讨论、互联网交谈、在线聊天或公告板，还可能有某些特殊的程序。

另外，领导者也应当注意，当开一个沟通会议时，要让它的气氛变得令人愉快，要学会做一名热情、友好并有着真挚兴趣的听众。要尊重他人的时间，开始时间和结束时间都要准时。要学会倾听、询问的技巧，要善于接受意见，还要欢迎不同的观点和意见。

不拘形式地进行良好的沟通

与员工进行沟通，要灵活地采取多种形式，才能达到有效沟通的效果，确保执行过程的顺畅。以下的几种方式是沟通中经常使用的。

1. 全方位、多途径沟通法

"沟通"的特点和用途在优秀公司中表现明显，与同业中一般公司的表现不同。优秀公司是信息和开放式沟通联络的一张庞大网络，其模式和密度使员工彼此间沟通和联络的特权得以发展。系统内混乱的财产之所以能得到很好的管理，正是沟通的规律性和特殊性的反映。

优秀公司非常注重无拘束的非正式沟通。例如，迪士尼公司的每名员工都佩戴一个写着自己名字的标签；惠普公司也非常注重员工的名字，此外还实行"门户开放政策"；拥有35万员工的IBM公司绞尽脑汁地推行"门户开放政策"，受到全体雇员的推崇，该公司的董事长通过其雇员来答复顾客向他提出的所有抱怨；德尔塔航空公司也把自由沟通推行的颇具成效；在莱维·施特劳斯公司，自由沟通甚至被称为"第五种自由"。

使管理不再只是局限于办公室内，是不拘形式沟通意见的另一大创举。联合航空公司的爱德华·卡尔森称自由沟通为"有形的管理"和"走动管理"，而惠普公司则认为这是"惠普方式"的重要一环。

提供精简的环境有助于自由沟通的开展。康宁玻璃公司在新盖的工程大楼内安装升降扶梯，用以增加面对面沟通的机会；著名的矿务巨头3M公司协助任何申请者组成俱乐部，以便增加午餐时间意外解决问题的机会；花旗银行把有意见分歧的不同部门的员工安排在同一幢楼上班后，分歧意见便很自然地被解决了。

是什么导致了这样的结果呢？答案是：全方位、多途径的沟通。惠普公司所有金玉良言的提出均与加强沟通有关，即使是惠普的环境设备和精神信条也都在更多地强调沟通的重要性。在惠普公司，你稍微走动一下，就会看到许多人聚在一起讨论问题。这种专案小组的会议可能都会包括研究发展、制造、工程、市场与销售部门的员工。但是有许多大公司的经理从不与顾客或销售人员谈话，也从不瞧一眼或摸一下产品。一位惠普公司的员工在谈到该公司的核心组织经验时说："我们也不清楚到底哪种组织结构最好，我们唯一明确的就是，先进行无拘无束的自由沟通，这是解决问题的关键所在，我们必须不惜任何代价来坚持！"

3M公司的信条与惠普公司的信条大同小异，该公司的一位主管说："我们抛开繁文缛节，与每一位员工进行自由的交谈。"以上所有的例子都可以归纳为"无拘无束自由沟通的技巧"。

2. 餐桌面谈沟通法

随着企业的发展壮大，企业中的雇员会大为增加，组织机构的设置也会越来越复杂。在这种情况下，领导者颇感头痛的问题就会增多，比如各职能部门之间的协调与沟通问题。随着企业规模的扩大，为了便于管理，需要设立彼此独立的各个部门。但是企业要成为一个有机的整体，部门之间的沟通就显得十分重要。而在实际管理实践中，各部门之间的沟通往往会遇到很多障碍。有一家公司找到了一种极为简便的方法来增进各部门之间的沟通，这就是"餐桌面谈法"。

西诺普提克斯通讯公司专门生产配套计算机系统。在4年的时间内，这家公司的雇员由11人增至425人。企业的规模不断扩大，5个职能部门之间的彼此沟通就显得越来越重要。而在实际中，各部门之间的沟通存在不少的障碍。

有一次，生产部门的主管实在难以忍受其他部门的不配合，就对组装一种新型电路耗费工时过多连连抱怨，这引起了公司总裁的注意。时任该公司总裁的是安德鲁·拉德威克。他为了解决这位主管的抱怨，专门请来这位主管和一位工程师，和他们一起用餐。在就餐时，让他们就如何加快组装的问题进行协商。二人的协商是很有效的，最终，他们找到了一个简单的加快组装的办法：只需更换一种更小、更便宜的部件，就能大大缩短工时。受这次用餐协商成果的启发，拉德威克想出了"餐桌面谈法"，并认为这是解决实际问题、增进部门间沟通的非常简便的方法。

每个季度，这家公司都会在总部所在地举行一次午餐会。每次都会摆上几张餐桌，请来两个相关部门的要员共享丰盛的午餐。当然，用餐并不是目的，目的在于让他们找出解决问题的办法。席间，用餐者都要提出一些亟待解决的特定问题。针对某一特定问题，每位用餐者都要想出自己的解决办法，向大家陈述之后，用餐者就会进行评价，直到找出最佳的解决办法为止。

"餐桌面谈法"是富有成效的，很多家公司都已经用它解决了不少复杂的问题。

3. 转悠管理沟通法

转悠管理，也称漫游管理或巡回管理，是一些成功企业常采用的管理方法之一。所谓"转悠"，就是领导者到基层去巡视，并在巡视中发现问题，解决问题。

企业界人士都十分重视转悠管理，坐在办公室听汇报、打电话、发布文件的企业领导者越来越少。他们把"走出办公室"作为自己的信条，不仅以身作则，常年在外巡视，而且严格要求手下的管理人员也"走出办公室"，到基层去办公。

阿尔科公司的总裁鲍勃·安德森"转悠"成瘾。他一边"转悠"，一边还要检查手下人是否也在"转悠"。当他"转悠"到某地，向某一个部门打电话时，恰好部门的头头接了电话，他马上就来了气，对这位不下去"转悠"的小头头感到失望。

有的公司还对分部经理提出许多"转悠"的具体要求，比如"转悠"的次数、对手下人员了解的程度。达纳公司的负责人麦克弗森就曾干过这样一件事：有一名经理在某部门待了好几年还不能说出全部手下人的姓名，麦克弗森就解雇了他。

埃德·卡尔赫初任美国联合公司董事长时，联合公司正萎靡不振。卡尔赫刚到任，就直奔现场，向现场工作人员直率地提出许多问题，请他们作详细回答。他没有笔记本，对于调查中发现的问题，他从来就是记在废纸片上，塞进口袋里。他从不命令第一线人员干这干那或搞个什么改革，除非是事关安全的问题。他也不当场纠正他不喜欢的东西，他要依靠正常的管理程序来解决问题。

从现场回到总部之后，他就立即采取行动。他有一种本事，能让整个指挥链上的各个环节都很快知道他发现了问题，并且要立即解决。然后，他就同那些在巡视中和他谈过话的一线工作人员联系，让一线人员知道公司已经采取了措施。他也与下面的有关员工联系，让他们认真检查，以保证新措施的执行。

惠普公司创造了一种独特的"周游式管理法"，鼓励领导者深入基层，直接接触广大职工，为达到此目的，惠普的办公室布局采用少见的"敞开式"大房间，即全体人员都在一间敞厅中办公。各部门之间只有矮屏分隔，除少量会议室、会客室外，无论哪级领导都不设单独的办公室。同时不称呼职衔，即使对董事长，下属也直呼其名。这样有利于上下左右通气，创造无拘束和合作的气氛。

各式各样的"转悠管理"都使得高层管理人员切实了解实情，切实发现各种问题和听取意见，切实采取有效措施，并更加密切上下级关系，因而能够保证企业不偏离"航线"，保证企业目标的实现。

重视会议沟通，解决执行难题

员工会议是公司内部员工相互交流的一个场所。事实上，员工很少能有机会在其他场合进行交流。成功的员工会议可以增强交流和认同，解决员工在执行过程中所出现的问题。

必须重视员工会议在公司内部沟通中的作用。成功的员工会议包括三个主要的部分：由下属在会议上汇报其最近的工作状况；鼓励员工提出建设性意见，制订合理的行动计划；讨论所在部门在过去一段时间内，有无好的做法增进公司的整体业绩。

一般来说，员工在执行过程中出现问题，有两种原因：要么是缺乏交流，要么是缺乏认同。

如果处理得当的话，这两类问题均可以通过员工会议加以解决。会上，你可以同下属即时进行交流，你可以当着众人的面认可他们的成绩。这样做并不仅仅意味着充当啦啦队队长的角色，更大的动机在于，员工们必须承担起责任来进行自我推动。而作为经理所肩负的职责，就是创造一个可促使下属自我推动的环境，计划周密的每周员工例会将是一个很好的沟通场所，有助于增强员工认同彼此出色的工作。

成功的员工例会应该有这样一个重要议题，就是每个下属都要让到会的人员知道他最近的工作情况。包括最近时期内完成的工作，以及所遇到的挑战等。举个例子：一个负责人事招聘的员工可能会提到，最近一周通过他们的努力填补了公司诸多职位空缺，而某些职位空缺是因为某位经理的决定拖延或中介公司提供的人选不适合，而没有得到预期填补。

让每个人谈论自己的境况能让所有的员工了解其他人的工作进展。一方面，员工并不清楚别人的工作职责和进度，很容易想当然地认为自己在做所有的工作。而一旦他们听到其他人的工作职责和进展时，才会更正确地评价同事的贡献。另一方面，员工可能并不了解自己的工作对其他人的影响。这样，员工之间容易产生抱怨，由于缺乏交流，而无法及时解决问题。

常规例会让每个人都有可能最大限度地了解周围的最新动态，允许和鼓励下属们分享信息。这种会议不是"从上向下"传达指示，而是"从下向上"反馈情况，收集信息，并让大家彼此了解和尊重各自在工作中所作出的贡献。

员工例会的第二个部分，是要在作决定的过程中引入建设性的意见。诸如问道："针对现有状况，我们要采取何种措施来彻底改造所在部门的工作流程？"通常的结果是，最好的想法往往来自那些看上去是在冷眼旁观的员工。

很多另谋高就的员工在原公司的人力资源部门提及离职的原因时，涉及理由多是因为没人在意及理会他们的想法，对此，他们备感失望。如此一来，每天的工作只是机械地重复着早晨上班、晚上下班，他们的积极性和创造力受到极大的抑制。其实，我们只需简单地征求他们的建议，就能满足他们最基本的心理需求，并产生截然不同的积极效果。何乐而不为呢？

在会议上，员工提出的问题，可能已超出了你力所能及的范围。但你的目的是帮助员工们去关注在现有资源下能做些什么。首先，你应该将建议的所有权赋予提出建议的人，从而真正地鼓励员工着眼于现有的做事方法。接着，你要制订一个很小的、容易执行且适合一周工作量的行动计划，并征求自愿者担当该项计划的先头兵。如此授权不仅给予了员工提出更好建议的充分自由，也树立了你自身的权威，使得修正后的方法上打上了你个人的烙印。

　　员工例会的第三个部分，是你的部门在过去一段时间里，比如一周或一个月中，有没有更好的做法增进公司的整体业绩。这有利于增强员工的团体意识，使员工能意识到自己对整个公司的意义。招募员工是为了给公司增加收入、减少费用及节省时间，凡是涉及这三方面中的任何一个今后有可能影响到公司发展的问题，都应该在员工例会上进行讨论、研究甚至一再提及。"我们可以采取什么不同的做法？"这一想法与开始的问题是自然相对应的，反映出特定的时期整个部门的工作进展，同时也使大家有机会进行案例分析，从而使类似的情形在以后得到更有效的解决。

　　每周的例会究竟要达到什么目的？这也是检验员工例会是否有成效的标准之一。首先，当你鼓励员工之间彼此交流、认同及信任时，就意味将强化整个公司的企业文化。因为当一个人脑子里缺乏周围的信息，脑子形成一种真空时，这部分空间会充斥着胡思乱想。而通过员工例会能增强了解及认同，使无中生有的猜测减少，这样会使每个人都活得更轻松些。其次，当你的下属们与你及他们相互之间有更多的面对面的机会时，同事间的友谊也将会最终得到发展。

　　这样非经常性地检验员工的表现，无论对个人还是整个团队来说都是受益匪浅的。这些问题会激发大家讨论一些更深入的，关于本部门所扮演的角色与整个公司其他部门之间关系的话题。

　　总之，也许你还会有其他的方法来促进员工之间的交流。但无疑，员工会议是一个最有效、成本最低的方法。事实上，成功的员工会议能解决公司员工内部交流的60%的问题，从而提高了工作效率和组织的执行力度。

九大技巧提高管理者的沟通能力

真正有效的沟通并非一日之功。以下技巧将有助你提高沟通能力，解决沟通中碰到的难题，使你的每次沟通富有成效，执行更加顺利。

1. 妥善处理期望值

要想消除双方期望值之间的差异，一种途径是订立业绩协议。员工与企业签订的业绩协议可使双方明确彼此的期望和要求，帮助设计双方都能达到目标，并且定期评估协议以确保双方的目标和要求都能得到实现。

另一种方式是清楚地说明你的期望。这样，能否达到你的期望，对方有责任向你说明。这种做法使你可以根据需要对自己的期望作有效调整，预先消除可能出现的伤害和失望感。

2. 培养有效聆听的习惯

人们之间的沟通充满变数（如自己和别人的谈话及聆听风格等），因而既复杂又具挑战性。设身处地是成功沟通的一个关键因素。

聆听，但不要受别人情感的左右。别人有难处时，应设身处地理解别人，但不能为这种情感所左右。必须为自己留点精力去做自己的事。记住，不要做一块海绵，什么都予以吸收。

3. 积极听取，积极反馈

一般来说，反馈是事实和情感因素的结合。沟通中的实质信息和关系信息很容易带来误解，招致不满。因此，在提供反馈意见时，应强调成长进步，不要妄作评判或横加指责。听取别人的反馈时，则要抓住其中对自己有价值的东西，不要计较对方的身份和沟通的方式，做到言者无罪，闻者足戒。

4. 坚持诚实

有时，实话实说的确伤人。但诚实最终能增加建立稳固长久关系的机会。因此，诚实非常重要。如果有什么事烦扰你，尽量直接说出来，以免小事变大更难处理。

5. 平息对方的怒火

对方怒气冲冲时，如何冷静处之，使对方平息下来？在此向你介绍几招：

（1）让对方的怒火发泄出来；

（2）表示体谅对方的感受；

（3）询问对方是否需要帮助；

（4）针对问题谈问题，也就是就事论事。

一般情况下，最正常的反应是，找惹人发怒的人交谈，然后逐一解决问题。

6. 有创意地正面交锋

当所有其他方式都行不通时，唯有正面交锋。这也是摆平各方、理清头绪的一个机会。如果不愿正面对垒，不要因为害怕而逃避，要理直气壮。当然，有的时候借故避开不失为最明智之举。

7. 果断决策

如果你疲惫不堪、心中烦恼或忙得无法分身，坦然地说出来。另找一个时间，使自己处于最佳状态来处理有关事务。

如果优柔寡断、迟疑不决，可采用以下步骤予以补救：回顾所有事实；反复过滤各种可行方案；选择最佳方式，哪怕这意味着你要多受点委屈；一旦决策，立即行动。

8. 对失误不耿耿于怀

沟通中出现失误，让你失望或受到伤害，不要挂在心上。不妨自问一下，想不想背上这包袱？自己能从中得到什么？一旦尽心尽力地澄清了沟通中出现的失误，就要为自己付出的努力骄傲，该过去的让它过去。一番心血没有白费，心中巨石落地，该高兴才是！

9. 视意见为财富

企业最大的财富是人的聪明才智。企业领导者应该鼓励每一个员工积极地提出改进工作的建议；必须使他们知道，他们的建议将会得到认真的研究，并且也真正这样做。

柯达公司一名普通工人写了一封建议书给董事长乔治·伊士曼，内容简单得令人吃惊，只是呼吁生产部门"将玻璃擦干净"。事虽不足为道，但伊士曼却认为这是员工积极性的表现，立即公开表彰，发给奖金，并由此建立了柯达建议制度。

迄今，该公司职工已提出建议200多万项，被公司采纳的约有60余万项。该公司职工因提出建议而得到的奖金每年总计都在150万美元以上，而柯达公司从中受益的又何止千万美元！

如果能像柯达公司那样，在企业中建立起良好的建议制度，凡所提建议能给企业带来效益的，都给予奖励。这样必然会促进企业全体职工同心协力，使职工对自己的工作发生兴趣，对自己的工作考虑得更多并总是设法去改进自己的工作，这是领导者激发职工聪明才智的有效手段。

柯达公司对职工提出的每条建议都进行认真审查，一般经过以下过程：职工提出建议后，由各车间委员根据建议的独创性、思索程度、适应性和效果等内容进行评定和选拔，分为特别、优秀、优良、A、B、C和建议七个级别；凡属最后两级建议的提出者，由车间委员会予以表扬；B级以上提交厂小组委员会，在小组委员会再次进行评定和选拔，并对B级和A级的建议提出者给予表扬；特别、优秀、优良三级建议提交厂改进工作委员会审查后进行表扬；特别级建议要征询公司表彰审查委员会的意见。

公司内部要坦率交流

要提高执行力，领导者就必须充分认识沟通障碍的现象，避免和解决组织中的沟通障碍，改善组织内的人际关系，提高组织沟通网络的技术。

1. 改善人际关系

人是社会的人，人有合群和集体的需要。人只有通过彼此间相互交往和沟通，诉说各人的喜怒哀乐，才能增进人与人之间的思想感情，产生亲密感。换言之，交往与沟通本身是一种人类所特有的精神需要，在人类的需求结构中占有相当重要的位置。如果满足了职工的精神上的需要，他们就心情愉快，干劲倍增。人与人之间有了共同的语言，即使沟通碰到障碍，也会相互理解。

2. 提高组织沟通网络的技术

有效的组织沟通是及时地用正确的形式向必须沟通的人提供准确的信息。要提高组织沟通网络的技术，管理人员必须在组织内建立有效的沟通渠道，尤其是那些非正式的、开放式的沟通渠道，因为沟通渠道畅通，有利于单位内成员之间、上下级之间建立相互信任的关系，减少地位障碍和谣言的传播。在当今信息时代，沟通更加容易，速度更加快了。

3. 控制信息流程

所谓控制信息，就是指控制信息的质和量。为了缓和信息过多的状况，领导者有必要建立一套控制系统，使接受的信息都是重要的，而且优先接受那些较为重要的信息。

控制信息流程，首先，要考虑授权下属处理某些信息，由下属有选择地将重要信息报告给领导者。其次，把下属报上来的信息加以浓缩。信息传送者作口头沟通时，应鼓励他们简明扼要，如作书面沟通时，要求他们列出报告的要点。再次，让下属根据信息的重要程度分类。这样，信息与信息之间就可以确定一个优先次序的关系，而且也不致遗漏或忽略掉重要的信息。

4. 主动倾听意见

领导者要注意倾听各种不同信息和意见。倾听是主动地听取意见和了解对方话中的含义，但是，听却是被动的。

妥善处理部门间的冲突

在组织中，部门与部门、团体与团体之间，部门、团体与组织之间，由于各种原因也常常发生冲突。组织理论认为，组织中团体之间的冲突产生一般有如下几种原因。

（1）各团体之间目标上的差异。组织由于分工划分成不同功能的各个部门、单位，每个部门、单位在组织设计时就已确定目标，各个目标的组合就构成组织大目标。但在执行过程中，各部门和单位的工作行为常以本部门、本单位利益为中心，可能会忽视组织大目标以及与其他部门和单位的协调，使各部门和单位相互隔绝，致使产生冲突。

（2）各团体之间认识上的差异。例如，甲单位的领导认为实施A方案最好，乙单位的领导则认为实施B方案最好，由于彼此认识上的差异，致使两个单位意见一时难以协调，有可能引起部门间的冲突。

（3）各团体之间的职责权限划分不清。如权力交叉或职责缺漏等。

（4）各团体的利益、需要没有获得满足。组织中的部门或单位为了完成各自的任务，总需要一定的资金、原料和人力。而组织领导者一般要从大局考虑，根据该部门或单位对整个组织的贡献大小来分配资源，这就难免造成某些部门没能获得利益，可能导致部门或单位之间的指责、争吵甚至攻击。

（5）不健康的思想意识或不良的团体作风。由上述原因而酿成的冲突，不仅会造成各部门之间关系失调，还会给整个组织系统工作带来不良影响。因此，处理好组织内部各部门之间的关系，对于形成组织系统的合力，发挥组织系统的整体效应，具有重要意义。

组织系统部门之间的关系，在很大程度上是部门领导者之间的关系的问题。领导者能否顾全大局，他们之间的人际关系是否融洽，对部门关系影响很大。因此，作为领导者来说，要处理好部门之间的关系，就要加强配合与协调，同心同德地贯彻和执行组织的决策。

这既是做好部门工作的需要，也是处理好部门关系的需要。沟通是双向的，也是多方面的，应当主要从目标上、思想上、感情上和信息上加强沟通，进而取得共识，这是协调各部门领导关系以及确保组织有效执行的重要基础。

1. 目标沟通

强调整体目标，认识到各部门、个人对整体目标作贡献的重要性，以及相互配合、协调的必要性，力争把部门利益与共同目标联系起来，进而增强各自对组织目标的关切感，减少部门之间的不必要冲突。

要在具体目标上取得沟通和共识，各部门领导在目标的确立上要相互理解和关注；在目标的实施上要相互支持和推进；在目标的冲突上要相互调整和适应；在目标的成功上要相互鼓励和总结。

2. 思想沟通

各部门领导不应当单纯以本部门的利益得失来考虑问题，而应当从各部门利益的互相联系上，也就是全局上考虑问题，包括设身处地的替其他部门着想，达成彼此可以共同接受的意见以防止思想认识上的片面性等等措施。各部门领导在思想观念、思想方法、思维方式上也是有差异的，由此而形成的观点上的争鸣和分歧也是正常的，对于这些差异可以通过平等的交流、启发，缩小认识上的差距等方式以达到统一。对于因工作关系而引起的误会、隔阂，各部门领导之间应严于律己、宽以待人，必要时多作自我批评，以求得相互之间的谅解。

3. 感情沟通

感情上的联络和加深，对部门领导来说是很重要的。因为很难设想，没有任何感情交流的部门领导之间，工作上可以融洽。要增加感情上的沟通，除了目标思想上的认同外，还可通过工作交流、参观访问、文体活动、公共关系活动等方式不断加深，从而创造一种和谐共事的情感环境。

4. 信息沟通

沟通也是传达交流情报信息的过程。部门之间的矛盾与隔阂，都可以从信息沟通中找到原因。一般而言，凡缺乏沟通的部门，信息传递必然不畅，极易造成部门之间的不了解、不理解和不协调，甚至造成某些冲突，既影响工作，又影响团结；凡主动沟通的部门，必然信息流畅，往往容易赢得对方好感，取得信任，形成部门之间的良好关系。

倾听能使下属感到被尊重而奋发

波音公司总裁康迪说，员工所表达出来的以及我所听到的，远远比我要说的更重要。作为上司，你是一个下属的好听众吗？

你有过这样的情况吗？当下属汇报工作时，不管他说完没有，只要你觉得听懂了他要表达的意思，便打断他的话，开始滔滔不绝地发表自己的意见，然后以某些指令结束谈话。

要做一个好上司，你有没有扪心自问一下：对于下属的需求，你认真倾听了吗？对于他们工作中出现的问题，你站在他们的角度上去理解和分析了吗？你愿意放下架子、腾出时间去与他们促膝谈心、互动交流了吗？

如果这些你都没做到，那么你和下属的沟通就可能会出问题。有效沟通是高绩效团队的一大特质。在有效沟通中，言谈又是最直接、最重要和最常见的一种途径，而有效的言谈沟通很大程度上取决于倾听。所以作为领导者，要想在团队中获得成功，最重要的素质是懂得倾听。

领导者进行真诚的倾听具有如下五大功效。

（1）倾听能激发下属的工作热情。耐心地倾听下属的想法，让其有一种被尊重和被欣赏的感觉，下属会非常高兴。因为人们往往对自己的事情更感兴趣，能够有机会在领导面前阐述自己感兴趣的或者是专长的事情，对员工来讲是一种荣耀，这种愉悦的心态能激发他更愿意为团队服务的热情。

（2）倾听能取得信任。认真、专注的倾听，表明你对对方的重视和尊重。正是你的这种诚恳谦逊的态度，才使得下属更加信任你、尊重你、拥戴你。

（3）倾听有助于指导。通过倾听，领导者更能了解下属，更容易掌握每个人的思想动态，这样才能针对每件事、针对每个人做出恰当的指示，才能保证团队取得高绩效。

（4）倾听有助于学习。职位的高低，取决于一个人的综合素质，但每人都有优于他人的长处。通过倾听，可以向他人学习长处，获得更准确、更真实的信息。

（5）倾听有助于化解矛盾。下属因某件事愤愤不平，跑来诉苦，即使你没有从实际意义上帮他解决问题，但只要你拿出耐心，听他把牢骚发完，他的情绪也就慢慢地缓和了，这样可以化解冲突和矛盾、消除抱怨。

沟通的目的是理解，不仅需要被理解，而且还需要理解对方。使沟通有效的是倾听，忽略倾听将会使沟通失败。一位擅长倾听的领导者将通过倾听，从同事、下属、顾客那里及时获得信息并对其进行思考和评估。有效而准确地倾听信息，将直接影响领导者的决策水平和执行成效。

企业运行的复杂性、多变性、竞争性，决定了光靠领导者个人是难以作出正确的判断和制定出有效的决策方案的。希腊有句谚语说得好，"多听少讲有利于统治国家。"对领导人与领导者的要求虽有区别，但重视倾听这一点应该是一致的。

领导的过程就是调动人的积极性的过程。善于倾听的人能及时发现他人的长处，并使其发挥作用，倾听本身也是一种鼓励方式，能提高对方的自信心和自尊心，加深彼此的感情，因而也就激发了对方的工作热情与负责精神。欧美和国内一些著名企业的领导者常常在工作之余与下属员工一起喝几杯咖啡，其目的就是让下属有一个被倾听的机会和相互理解的机会。

执行效率来源于信任

信任不仅是领导者和员工之间关系的基石，也是激发员工工作热情、提高团队效率的前提，更是确保执行顺畅的关键。

我们至少可以从以下三个方面来理解信任。

首先，信任是我们选择生活方式的原则和基础，是我们评价自身和他人行为的标准。它是我们对自己和对他人最注重的品质所在。

其次，信任是自尊的衡量标准，即自我感觉。没有了信任，我们可能会自暴自弃。如果信任不深，我们可能会对他人过于猜疑。当我们具有高度的自尊时，就会朝气蓬勃，更容易信任他人。有了信任，我们就不会滋长骄傲，而只有谦虚；有了信任，我们就不会自负，而只会勇于承认自己的错误。

最后，信任是由内而外产生的。我们要首先做到自己值得别人信任。这意味着我们要认清价值观，同时学习新技能来支撑这些价值观，然后行动。这称之为信任能力。培养信任能力或许是个人、团体和企业组织面临的最大挑战。

信任，通常在工作契约上获得体现。工作契约往往是管理者与员工达成的一种隐性协议，是确定双方对风险、技能、劳动和报酬权衡的理解。同时它还解释了双方的相互对待方式。

在以关系为基础的企业中，契约规定了工作关系的性质、质量及真诚程度。它是我们之间相互对待和公司管理经营体制的一种具有约束力的义务。

这种新的契约将让每个人获得自尊和尊重，它承认员工来自不同背景，具有不同程度的自尊和不同的技能。员工能全面融入公司，与公司共同走向成功。从而能增强员工的主人翁精神，并使其个人远景目标与公司的战略方向高度一致。

这种新的契约不仅关于薪酬福利，而且与关系和贡献紧密联系。因此，业绩可以通过客户和同事来评估，也可以通过自我评价来评估。

这种新契约的关键在于重新界定管理层和员工之间建立信任工作关系的能力。我们所讲的这种新的信任程度，是要将过去以"我"为中心的公司文化，转变成一种以"我们"为中心的公司文化。

为了能实现这个目标，应当对契约进行有效管理，以发挥其效能。每个人都有责任确保协议顺利达成。当团队有一个自我治理结构来确保团队成员各尽其责时，效能就取决于团队所设立的目标。

虽然契约的基本原则是既定的，但随着员工的发展和成熟，他们学会了如何以不同的方式工作，契约的应用方法在时刻变化。从这个意义上来说，契约可以由契约订立者灵活解释。

工作关系和领导关系正由害怕竞争逐渐转为以信任为基础的合作。由于文化是建立在互相尊重的基础上，因此关系重在诚实可靠的沟通和对话，而绝不是阳奉阴违、虚情假意。

这样，企业创造业绩的效率将大大提高。内部冲突减少了，信任程度提高了，员工就会更注重领导需求，提高工作效率和质量。内部沟通增强了，目标一致了，员工工作起来就更灵活机动。如果大家没有部门保护主义，业务流程就会简化。

所以，要想执行到位，领导者的目标是要创建一种以关系为基础的公司和以信任和相互尊重为原则的工作场所。

领导要稳　执行要狠

第六章　执行有方法：

从"低头苦干"到"抬头看路"

员工任劳任怨，但结果却不令人满意，是其潜能没有被激发还是指导的方向出了偏差？

　　蛮干并不是执行，怎样走出"盲忙茫"的行为怪圈？

　　从某种意义上说，执行任务是一个创造的过程。要想彻底落实工作，必须应对这一过程中可能出现的问题，排除执行过程中的干扰因素。执行的过程，也就是不断发现问题进而解决问题的过程。要想解决那些从未遇到过的问题，需要找出应对问题的方法。

将正确的事情做正确

　　管理的有效执行必须依托于合理的管理理念和科学的管理系统，但在很多时候，一些最简单的管理原则却往往可以起到非常好的管理效果。在新华信公司的管理理念中就有一个非常简单的原则——要求管理者将正确的事情做正确。

　　无论是企业还是区域，抑或个人，做事大凡都有两种境界，一种是做正确的事情，一种是把事情做正确。而管理者要做的就是将正确的事情做正确。

　　管理大师彼得·德鲁克提出的"做正确的事而不是把事情做正确"这一观点，被称为管理思想发展历史上的一个里程碑。"做正确的事"，就是把握方向，清晰利弊，在做事之前一定要对所面对的事情仔细考虑，分析判读，着眼长远，讲求效果，理清脉络，找出关键点。而"把事情做正确"，关注的重点从效率引向了效果。强调做事情"正确"，是强调做事情的方法一定要正确，要符合原则、符合要求。

　　在西方管理学中，有一个著名的公式，即：工作成绩=目标×效率。西方学者认为："做正确的事情"要比"把事情做正确"重要得多，因为"把事情做正确"只是个效率问题，而从一开始就设立正确目标——"做正确的事情"，才是真正的关键。战略规划的制定，使企业有了发展的总纲，有了奋斗的目标，就可以使其进行人力、物力、财力以及信息和文化等资源的优化配置，创造相对优势，解决关键问题，以保证生产经营战略目标的实现。

先做正确的事，然后把事情做正确。如果事情不正确，甚至方向错了，那么不管过程如何努力，都会事倍功半，甚至"南辕北辙"。

领导要求员工正确地做事，无可厚非，但是，领导者和执行者之间的差异就是：领导者确定目标"做正确的事"，而执行者完成目标"把事情做正确"。在一个部门，领导应该是"做正确的事"，执行者则全力"把事情做正确"，这样才是健康的合作。如果领导"做不正确的事"，执行者再努力把事做正确，也无济于事。只有目标正确，才能事半功倍，反之，也许短时间奏效，但对企业的长期发展没有太大的帮助，甚至会使企业走到相反的方向。

随着竞争的日益激烈，企业对管理的关注和投入也越来越多。但很多企业在管理的过程中，由于过于关注管理，而又不是特别明确如何才能科学的管理，往往会陷入一个误区：管理系统庞杂，管理条目众多，为管理而管理，忽略了管理的根本目的，这样往往又达不到有效的管理。

将正确的事情做正确，实际上反映的是效率和效果的问题。把事情做正确体现的是我们的效率，而做正确的事情体现的就是效果了，只有把正确的事情做正确，那么体现出来的才是效能。要达到这样一个目标，首先一个前提就是选择正确的事情去做。也就是说，在决定去做一件事情之前，必须首先考虑到这件事情是否是正确的，做这件事情会有什么样的后果，是否可以达到预期的效果，我们的资源是否可以支持我们完成这件事情，简而言之，就是我们必须首先明确做这件事情的正确性和可行性。

当我们确定了所要做的事情是正确的时候，那么接下来的问题就是要把正确的事情做正确了。怎样把事情做正确，每个公司都从文化、制度、流程等各个方面做了这样或那样的规范，总结起来，强调的主要是两方面：一个是人的主观态度，还有一个就是客观的流程和技术。我们强调做事情要有责任心，要达到计划与目标的一致性，要有科学的做事方法，及时有效的沟通，建立和谐的团队合作等等，都是为了保证事情有一个正确、完美的结果。

　　管理是一项系统工程，它牵扯了企业这个形体的方方面面，如何做好有效的管理，是每一个企业必须持续研究、实践和归纳的重要课题。但管理的很多原则和理念往往又是最简单的，在很多时候，最简单的反而是最有效的。因此，我们在管理中没必要把很多事情人为的复杂化，而应该尽可能地简化我们的流程，归纳我们的制度，以最简洁有效的途径去解决一些看似复杂的问题。

训练员工解决问题

怎样提高员工正确做事的能力呢？也就是说，怎样使员工能够很好地理解企业的战略意图并且以正确的方法来执行呢？

首先，要清除一个误区，那就是认为企业战略只需要企业高层核心人物了解就可以，企业员工没有必要清楚地知道。我们不少企业的管理者都有这样的错误看法。其实，企业战略的实施需要全体员工的共同努力，所以企业战略不仅要让每个员工清楚地了解，而且还应该通过培训等形式不断加强员工的认可度，只有这样，才能保证企业战略的有效实施，才能保证全体员工都能够朝着企业目标共同努力。

其次，就是积极地对员工进行及时的培训。IBM公司拥有全世界最强大的销售团队和最完美的售后服务。为什么？就是因为IBM对公司的每一位员工都要进行详尽细致的培训指导。在IBM，每一位表现优异的员工都要带一名刚刚加入IBM的员工或者表现不佳的员工，对他们进行随时随地的培训和指导。正是有了这样的机制，才使得IBM员工队伍的执行能力非常强，保证了所有员工都能够不断地朝着公司的总体战略方向前进，不断地为公司创造巨大的财富。

再次，对员工的工作业绩进行及时的监督检查。IBM前总裁郭士纳的一句话："员工不会做你希望的事，员工只会做你监督和检查的事"，道出了管理的精髓。

监督和检查是一个企业真正把执行落到实处的关键一环。许多企业的战略目标最后沦为口号，就是因为没有一套有效的、为实施企业战略服务的监督检查机制。

不要等到问题发生的时候才指导

作为领导，指导下属员工做好工作是其最重要的职责之一，而且指导必须是经常性的，不要等到问题发生的时候才开始进行指导。通过经常性的指导，能确保员工从一开始就把工作做正确，避免了员工在执行中走弯路。

同时，作为领导，如果你能正确指导，当机立断，不但能赢得下属衷心地服从，还能得到很多好处：下属将对你的技巧和能力产生信心，并因此而尽力为你工作。如果你能在最不利的条件下进行逻辑推理并能不失时机地利用各种有利的条件采取行动，你手下的人就会尊重你高超的判断能力和指导能力，他们会心甘情愿地为你效劳。通过正确的指导，你的下属对工作将会变得更加有把握和更加果断。他们自然就会成为你的一面镜子，在这面镜子里你可以看到自己的形象，你在做什么，又是怎么做的。当你能够作出正确而及时的指导时，你的名声将会帮助你提高你在整个组织中的地位。

在执行过程中，通常对下属的指导可以分为以下三类。

（1）具体指示。针对那些对完成工作所需的知识及能力较缺乏的员工，常常需要给予较具体的指示，将做事的方式分成一步一步的步骤进行传授并跟踪完成情况。

（2）方向引导。对那些具有完成工作的相关知识及技能但偶尔遇到特定的情况会不知所措的员工，应给予适当的点拨及大方向的指引。

（3）鼓励建议。对那些具有较完善的知识及专业技能的人员，应给予一些鼓励或建议，以达到更好的效果。

那么，如何才能正确指导员工工作呢？

1. 要有指导的能力

如果你想提高你的指导能力，那就必须有勇气，有真才实学；必须善于研究和分析问题，抓住事物的本质，对当时的形势作出迅速而准确的评价，只有这样，你才可能作出正确、明智、及时的指导来。

在条件极其不利的情况下，你必须运用正确的逻辑推理、常识性知识和分析判断能力，迅速地确定应该采取什么样的行动才不至于失去转瞬即逝的大好机会。除此之外，你还需要有相当的预见能力，以便能够预见在你的决定实施以后可能发生的情况和反应。当形势的变化需要对原来的计划进行修改的时候，要采取迅速的行动对原来的计划作必要的修改，这样会加强手下人对你作为他们的领导者的信心。

2. 要学会安排工作的先后顺序

当你知道何种工作可以由别人来做的时候，就可以把它们分配出去，不要再去费心考虑它们。对于那些剩下来的必须由本人亲自处理的事情，也得分出主次和先后，并懂得处理这些问题的方法。

把问题排出个先后顺序，各种问题就会迎刃而解。具体做法可以是：现在就把急于要办的事列出一个顺序表来，然后按照主次依次处理，在同一个序号下不要列出两项工作。在列出了工作顺序之后，就全力以赴地解决第一号的问题，一直要坚持到做完为止。然后再用同样的办法去处理第2号问题。不要担心这样做一天只能解决一两个问题，关键在于这样做会逐渐解决以往日积月累下来的许多问题。这样一来，你真正关心、真正着急的事情，马上就可以解决了。你也要让下属根据他们工作的主次和先后列出工作日程及顺序表，也让他们按照同样的办法去做。这样，他们就会做好分内的工作。简单地说，要实行急事先办的原则，一次只办一件事。即使这样仍然不能解决问题，也不要采取其他办法，一旦使这个系统运转起来，就要坚持到底。

学会了上述方法，你只需要使用自己的决断能力去确定三件事即可：可由别人来做的事情；只有你才能做的事情；你自己工作的先后顺序以及你分配给别人的工作。

3. 掌握制订计划和下达命令的技巧

一旦你已决定要做什么事情，那下一步要做的就是制订一个详细的计划和下达命令。如果想达到预期的结果，你的计划必须切实可行。

明确的任务必须分派专人去处理，各种须供应的物质和设备必须齐备，为了确保最大限度的合作，每个人和每个团体的积极性都必须充分地调动起来。为了推动中间环节的进行速度，最后期限必须明确地固定下来。总而言之，这个执行计划必须能回答如下问题：为什么这项工作必须得做？什么事情必须得做？谁来做？在什么时候、什么地方，如何去完成这项工作？

当你认为计划做得比较充分之后，下一步要做的就是向下属发布口头命令或者书面命令。命令必须发布的清楚准确，不能让人有任何误解。制订计划和发布命令都是工作的关键，也是作为领导者责任的一个主要部分。如果你想得到驾驭下属的能力，以上这些就是必须具备的。

当你掌握了以上技巧的时候，你也具备了基本的正确指导能力了。

灵活有效地运用智囊团

所谓决策中的智囊团，也被称为"外脑系统""头脑公司""思想库"等等，是专门为领导提供决策服务的比较高层次和专业性的咨询机构。在这种组织中，集中了不同专业的自然科学家、社会科学家和其他各个方面的专家或专业人才，他们在各自的专业领域中有自己的专长甚至在年龄上也有自己的特点，他们组成了一个庞大的综合知识库，为领导者出谋划策。

曾经大名鼎鼎的美国克莱斯勒汽车公司总裁艾柯卡所创造的神话般的经济奇迹，就曾得益于智囊团的大力相助。克莱斯勒汽车公司在艾柯卡上台之前，由于没有充分准备世界石油危机带来的冲击，仍然照样生产耗油量大的大型汽车，结果在1979年的9个月中亏损7亿美元，打破了美国有史以来的最高记录。艾柯卡上台以后，大胆转型生产哈尔·斯珀利奇领导的公司咨询组设计的K型车，并在K型车的基础上推出了一系列众多车型的车辆，重新打开了市场。经过三年的努力，艾柯卡挽救和重建了克莱斯勒这家朝不保夕的公司，1984年该公司盈利2.4亿美元，提前偿还了12亿美元的政府贷款。其股票也从1981年的每股3美元上升到1984年的每股30.75美元。

可见，面对激烈的竞争，领导者如果从单一的或纯粹经验的专业方向出发，采取独裁的决策方式是无效的，他必须着力于建立智囊班子及智囊机构以辅助自己的决策。

智囊团的工作是根据领导者的目标要求而进行的，但是对智囊团本身而言，它有自己的内在规律和工作程序，并有自己一套行之有效的方法。就其工作程序来讲，可分三步进行。

1. 接受决策咨询任务，组建智囊团班子

智囊团的工作一般都是围绕着领导者提出的研究任务而进行的，首先，了解领导者的意图和目标，全面掌握领导者提出该问题的背景和关键环节，明确研究问题的目标。其次，智囊团应根据问题的性质和所要研究的专题内容，选用、配备专业人员，组成智囊班子，并由人专门负责。再次，智囊团应该在接受咨询任务之后，展开初步工作，进行初步调查，并根据初步调查的情况制定工作计划。

2. 全面进行调查研究，设计决策的评估方案

调查工作计划确定之后，智囊班子即可按计划对所要研究的问题进行全面、深入的调查，收集数据、资料。有数据资料库的，可先检索有关摘要，然后根据需要检索原文再了解有关情况。如果展开市场调查，就必须深入到市场中去，了解与研究项目相关的信息，诸如价格、质量、产地、性能等，从而对领导者提出的问题和有关指标体系进行分析、对比、研究，进而制定各种方案，并对各方案进行分析和评估。

3. 多方征求意见，提出决策参考方案

首先，在对各种方案进行分析评估的基础上，经过反复论证，提出一个初步的研究方案，并召集有关人员，听取他们对该研究方案的意见和反应，有可能的话还可以与领导者进行思想沟通，听取领导的初步反应。然后，智囊团再根据各方面的意见和反应作相应的修改和调整，力求整个决策方案能够充分符合领导的要求和实际情况。最后，大家集思广益，再进行内部反复的讨论与磋商，最终形成一个可行的决策参考方案，送呈领导者，供其决策参考。

当然，智囊团作为领导的"外脑"，为领导提供决策参考，他们的职能和任务仅在于研究领导者提出的问题，为领导提供各种可供选择的方案，领导者则从中选优决断。决断是领导的职能，也是整个决策过程的最后结果。那么，领导应该如何对智囊团提供的决策参考方案进行择优决断呢？这其实就是领导如何运用智囊团作正确决策的问题。

领导者在听取智囊团意见时，经常的情况是大家的意见大相径庭，这就要求领导者找出共同点。首先，要求领导者对各种方案虚心听取，不作任何判断，并在各种方案的不同点中找出共同点来。接着，处理、分析不同意见，使其趋于一致，然后汇集成为一个新的方案。这种求同存异的方法有以下几种技巧可用。

（1）利弊分析法。由于各种方案迥异，领导者可引导大家对各种方案进行利弊分析，促使各方以利补弊，弃弊趋利，互相取长补短，达成共识。

（2）边际分析法。这种方法是增加决策智囊人员，看他们对不同意见的看法，如果新增人员较多地趋于一种方案，则该方案较优。

（3）冷却法。让争论双方暂时平息争论，冷静下来进行反思，隔一段时间后再组织起来加以讨论。这样能够使大家有一个清醒的认识，反复权衡，选择出最优方案。

总之，领导者既要充分发挥智囊团的作用，又要使自己具有最终决策的独立性；既要科学地运用智囊团的参考方案，又要保证自己决策的有效性。不依靠智囊团的作用的领导者就不是一个成功的领导者。

在激烈竞争的当今社会，领导者应该充分发挥智囊团的作用，灵活、有效地运用智囊团，使自己的决策处于合理的构架之中并在执行与实践中立于不败之地。

引导员工第一次把工作执行到位

在执行过程中，最没有效率的事情就是第一次执行不到位，然后要推倒重来。

在我们的生活中这样的例子很多。比如，往垃圾桶里扔一个棉签，想少走两步路，结果没有扔进去，只好弯腰捡起来再扔，做重复劳动。

第一次就把事情做对、做好、做到位，是一个良好的习惯。它会节省我们很多的人力、物力、财力，使我们少走很多弯路。在执行工作时，我们第一次哪怕多花点时间、多用些精力，也要把事情执行到位，一定要坚决避免一切无谓的从头再来！

要提高执行的效率，最重要的一个方法就是："第一次就把工作执行到位"。歌德曾在他的叙事诗中讲过这样一个小故事。

耶稣带领他的门徒彼得远行，在途中他发现了一块破烂的马蹄铁，于是，耶稣便让彼得把马蹄铁捡起来。但是，彼得懒得去弯腰，假装自己没有听见。耶稣没说什么，自己默默地捡起马蹄铁，然后用它换来3文钱，之后又用这钱买了18颗樱桃。

两人继续往前走，后来经过一片茫茫荒野的时候，彼得渴坏了。于是，耶稣就故意让藏在袖子中的樱桃掉出一颗，彼得看见，赶忙捡起来就往嘴里塞。耶稣边走边丢，彼得也就狼狈地弯了18次腰。到达目的地的时候，耶稣对彼得说："当初你弯一次腰，就不会有后来没完没了地弯腰了。"

弯腰是再简单不过的事情了，但是彼得没有去执行，所以，在之后他不得不重复同样的动作。在实际的工作中，有时即使是最简单的工作，也有人不能够一步执行到位。

福特公司也是这样要求员工的。在整条流水生产线上，每一个零配件生产出来之后，马上就会被送去组装，因为没有库存，假如任何一个环节出了问题，都会导致全线停产，所以必须要求第一次就把工作做到位，对此，没有任何回旋的余地。

不过，我们在力求"第一次就把工作做到位"的同时，也应多注意一些细节，如在分工合作时，用词一定要准确，切忌含糊、笼统，否则，模糊的语言就有可能影响工作的有效执行。

有一次在工程抢险中，技术员小刘和同伴们在紧张地工作着。这时，小刘急需一把螺丝刀，于是便对离自己最近的小张喊道："快，去拿一把螺丝刀来。"小张飞奔而去，但小刘等了很久，小张才气喘吁吁地跑了回来，他手里拿着一把小号的螺丝刀，"我认为你最需要的是这把，所以就拿来了。"

小刘接过来一看，生气地说："谁让你拿小号的，我是要最大号的！你怎么连这都不知道呢？"

小张没有申辩，但他心里很不高兴。此时小刘突然意识到，自己让小张去拿螺丝刀时，并没有明确地告诉他自己需要最大号的。小刘知道出现错误的根源在于自己，因为他没有具体地说明自己需要什么样的螺丝刀。

于是，小刘抱歉地对小张说："我要的螺丝刀是工具箱内最大号的那把。"这次，小张很快就拿着小刘要用的螺丝刀回来了。

一次没有执行到位，不但会因此不断去补救而浪费时间，甚至可能把一家极有前途的公司击垮。或许有人会说，"第一次没做到位没有关系，还有机会"。的确，第一次没做到位，在下一次可以接着做，但是这样既浪费时间又浪费精力。如果没有及时发现错误，就会给自己和他人都造成巨大损失。

在工作中，第一次就把工作执行到位，不做重复工作是提高执行效率的第一步。

到中国一汽大众的现代化车间参观过的人，都会在感叹那里现代化汽车流水线的同时，发现在车间的醒目位置上，有一排巨幅广告"第一次就把事情做对"。

很多人都不理解，怎么这么"现代"的车间里，会有这么"不客观"的广告？看到这样的广告，不禁让我们思考：第一次就把工作执行到位，可能性到底有多大？

静下心来想一想，我们不禁为一汽大众的广告所折服：要把工作执行到位，需要多少次？是四次？三次？还是几次呢？答案当然是：一次！

一步到位，不要做重复工作，是企业对员工的期待，它时时刻刻提醒员工们，要尽最大的可能，在接手每一件事情时，抱着"一次就做对"的信念。

一步到位，不要做重复工作，是提高"质量"品质的必然要求，只有"第一次就做对"，才可能减少废品，保证质量。

一步到位，不要做重复工作，需要员工有扎实的职业技能基础，需要员工对工作有充分的准备。

很多人在工作中都遇到过越忙越乱的情况，在忙乱中造成的错误，轻则自己手忙脚乱地改错，浪费大量的时间和精力，重则返工，给公司造成经济损失。

第一次没把工作执行到位，忙着改错，改错时又很容易制造新的错误，恶性循环的死结越缠越紧。在"忙"得心力交瘁的时候，我们是否考虑过这种"忙"的必要性和有效性呢？

再忙，也要停下来思考一下，用巧劲解决问题，而不是盲目地拼体力。

领导者要努力引导员工培养第一次就把工作执行到位的良好习惯，把该做的工作做到位，这正是解决"忙症"的要诀。

分清主次，提高执行效率

做好时间管理，是执行做到位的一个重要方法。

每天会有许许多多的事情等着我们去做，如果我们不分主次地进行工作，那么到头来不仅"丢了西瓜"，很有可能连"芝麻"也没有捡到。使一些本来可以"生出效益的时间"白白地浪费掉。

聪明的管理者应该知道如何提高自己的做事效率。

但很多时候，人们总是被习惯束缚着自己的手脚，在处理问题时总是根据事情的紧迫感，而不是事情的优先程度来安排先后顺序，这样的做法是被动而非主动的，成功人士可不这样工作。

时间管理的精髓在于：有主次之分，设定优先顺序。

比尔·盖茨认为：那些高效率的人，不管做什么事情，都会首先分清主次。

对于如何分清主次、大幅度提高自己的做事效率，比尔·盖茨归纳了三个判断标准。

1. 明白我们必须做什么

这有两层意思：是否必须做，是否必须由我做。对于非做不可，但并非一定要我亲自做的事情，可以委派别人去做，自己只负责督促。

2. 明白如何去做才能给我最高的回报

应该用80%的精力做能带来最高回报的事情，而用20%的精力做其他事情。

所谓"最高回报"的事情，即是符合"目标要求"的事情或自己做得会比别人更高效的事情。

最高回报的地方，也就是最有生产力的地方。这要求我们必须辩证地看待勤奋。勤奋，在不同的时代有其不同的内容和要求。过去人们将"三更灯火五更鸡"的孜孜不倦的精神视为勤奋的标准，但在快节奏高效率的信息时代，勤奋需要新的定义了。勤要勤在点子上（最有生产力的地方），这就是当今时代"勤奋"的特点。

前些年，日本大多数企业家还把下班后加班加点的人视为最好的员工，如今观点却有所变化了。他们认为一个员工靠加班加点来完成工作，说明他很可能不具备在规定时间内完成任务的能力，工作效率低下。社会只承认有效劳动。

3. 清楚如何去做才能给我们带来最大的满足感

最高回报的事情，并非都能给自己最大的满足感，有均衡才有满足。因此，无论你地位如何，总需要分配时间给那些令人满足和快乐的事情，唯有如此，工作才是有趣的，并容易保持工作的热情。

通过以上"三层过滤"，事情的轻重缓急就很清楚了，然后，按重要性优先排序。坚持按这个原则去做，你将会发现，再没有其他办法比按重要性办事更能有效地利用时间了。

当然，除了要强调优先重要，还要强调长远重要。这是"时间管理学"的突破性理念，也是其精髓。强调长远重要，即强调做"不急迫却重要而长久的事"。

在人们的日常生活中会遇到很多这样或那样的事情，虽然有些事不是眼前最急迫的事情，但是对于长远、大局来说却有着重大的意义。有些人舍不得在这些事上花费时间，这样做很不划算。

在效率的管理上，要兼顾长远性与急迫性，要高度重视对眼前虽不紧急但有深远影响事务的处理。这一法则，把效率管理上升到了战略高度。

最后，要成为效率管理高手，不仅要掌握这样或那样的效率管理的法则、技巧，还需要苦练治心治惰的功夫。效率管理与情绪治理是彼此制约、相辅相成、同步发展的关系。

如果没有积极、兴奋的情绪，哪怕掌握了再多效率管理的法则、技巧也无济于事。那些对工作、对生活充满了消极、厌倦情绪的人，那些懒于奋斗、不求上进的人，又怎么能够提高效率，成功地做好每一件事情呢？

将时间用在做最重要的事情上

高效能的领导者都明白，永远先做最重要的事情，这是强化执行力的重要体现。

当美国伯利恒钢铁公司还是一个默默无闻的小公司时，它的老板查理斯·舒瓦普曾向效率专家艾维·利请教，怎样才能更高效地执行计划。

艾维·利于是递了一张纸给他，并向他说："写下你明天必须做的最重要的各项工作，并按重要性的次序加以编排。明早当你走进办公室后，先从最重要的那一项工作做起，并持续地做下去，直到完成该项工作为止。重新检查你的办事次序，然后着手进行第二项重要的工作。倘若任何一项着手进行的工作花掉你整天的时间，也不用担心。只要手中的工作是最重要的，则坚持做下去。假如按这种方法你无法完成全部的重要工作，那么即使运用任何其他方法，你也同样无法完成它们，而且若不借助于某一件事的优先次序，你可能甚至连哪一种工作最为重要都不清楚。将上述的一切变成你每一个工作日里的习惯。当这个建议对你生效时，把它提供给你的部属采用。这个试验你想做多久就做多久，然后给我寄支票吧，你认为值多少钱就给我多少钱。"

一个月后，查理斯·舒瓦普给艾维·利寄去了一张2.5万美元的支票，并附上一封信，信上说，艾维·利给他上了一生中最有价值的一课。5年之后，这个当年不为人知的小钢铁厂一跃成为世界上最大的独立钢铁厂之一。

也许你确实很有能力，老板指派的每件事都能出色地完成。但是，你不可能一辈子都是听命于人的角色。如果让你独立地、实质性地操作一项多角度、全方位的大事，你能在千千万万的事物中理出头绪来吗？这就是考验你的时刻。商界大亨亨利·杜哈蒂早就说过："我只做一件事，思考和安排工作的轻重缓急，其余的完全可以雇人来做。"

善于从诸多的小事中抓住大事并从大事中把握、做好最重要的事情，是我们每个人都应该学习的必修课。人生也是这样，我们总是有太多的事情要做，总会有完不成的任务。我们要选择对自己最重要的事情，然后去努力地完成它，实现它。

只是你知道什么事情对你来说是最重要的吗？事情可以分为很多类别，你一定要学会区分轻重缓急。

有一些事情很重要，但是并不紧急。比如说你那些关于坚持学习、提升能力、锻炼身体等计划，它们看起来可能并不急迫，但这些事情应该是我们人生中的主要事件，因为这类事情可以让我们的人生更成功。

要量化我们每天的工作，规定每天需要完成的部分，然后坚持不懈去做。不要因为这些事情并非迫在眉睫，就避重就轻。真正有效率的人，总是能够急所当急并且防患于未然的。

另外有一些事情，看起来很急迫但是并不重要。比如说接电话、回复邮件、查找那些不知被我们放在何处的文件等。在这些事情上花的时间是可以避免的，如果朋友跟你煲电话粥，你可以委婉地提醒他自己还要工作，接电话不能太久；把文件资料放置得井井有条，至少自己要知道在哪里，不要满世界去找一会儿要用的文件……学会恰当处理不重要但紧迫的事情，会给你留出更多的时间去处理真正重要的事情。

还有一些事情是根本不需要做的，不要以为它们真的重要。一个几乎每天都参加饭局和宴会的领导者说，在分析之后，他发觉至少有三分之一的宴请根本不需要他亲自出席。甚至有时他觉得有点哭笑不得，因为主人并不真心希望他出席，他们发来邀请纯粹是出于礼貌，如果他真的接受了邀请，反而会使人家感到手足无措。分析一件事情是不是真的重要，本身就是一件很重要的事情，不可忽视。

记得，不要被别人重要的事情牵着走，而你自己重要的事情却还没有做，这会造成你很长时间都处于被动的局面。

虽然时间在飞翔，但你就是驾驶员，你可以驾驭它。把你每一分每一秒的时间都用在做最重要的事情上面吧！

简化是高效执行的起点

在管理者中，有这样两种类型的人：一种是善于把复杂的事物简单化，办事又快又好；另一种是善于把简单的事物复杂化，使事情越办越糟。当我们让事情保持简单的时候，工作显然会轻松很多。把复杂的事情简单化，是实现有效执行的一个诀窍。

把事情化繁为简的一个关键是善于排除工作中的主要障碍。主要障碍就像瓶颈堵塞一样，必须打通，否则工作就会"卡壳"，耗费许多不必要的时间和精力。

无论是在工作中，还是在生活中，从根本上看都要求我们必须具备善于将复杂问题简单化的能力。

1. 把复杂问题简单化是一种宏观战略能力

世间之道，本就简单。执行之道，同样如此。尽管铺天盖地的执行理论、执行模型席卷而来，然而，执行应当把握的几件事情，本质还是一样的。

把复杂问题简单化是一种宏观的战略能力。把复杂问题简单化并不是否定问题的复杂性，而是要探寻其基本规律和核心价值，抓住决策的本质。

2. 把简单问题复杂化是一种微观执行能力

决定方向对于个人来说是至关重要的，因此要迅速，要简单化，要大胆。但是美好的愿景必须靠严谨理性的执行体系来支撑，这就需要在把复杂问题简单化之后，把简单问题再复杂化。

　　计划的实施是微观的。你可以说我们的计划目标是多少，在某个领域要如何竞争，但在操作时你还需要明确如何进行任务分解，如何安排时间，等等，不然就难以实施。

　　执行之道，其本质就在于如何化繁为简和化简为繁，这两者如何平衡，就是我们所说的"度"。将复杂问题简单化，简单问题复杂化，看似自相矛盾，实际上是协调统一的。宏观问题简单化，微观问题体系化，这是一种高效能的工作方式。

　　宝洁公司的制度具有人员精简、结构简单的特点，并且该制度与其雷厉风行的风格相吻合。管理者制定了"深刻明了的人事规则"，它得到顺利的推行并获得良好的评价。而最能体现这种简洁明了的效率集中体现在该公司的"一页备忘录"原则上。

　　所谓"一页备忘录"是指尽量精简公司所有的报告文件，以尽可能简练的语言来描述公司的现状和未来的发展趋势。其内容会随着具体情况的变动而增加或减少。这一风格可以追溯到该公司的前总裁理查德·德普雷。理查德·德普雷强烈地厌恶将简单问题复杂化的做法，所以，他十分反感那些超过一页的备忘录。他通常会在退回一个冗长的备忘录时加上一条命令："把它简化成我所需要的东西！"如果该备忘录过于复杂，他会加上一句："我不理解复杂的问题，我只理解简单明了的东西！"他认为，管理者的工作任务之一就是教会别人如何把一个复杂的问题转化为一系列相对简单的问题。只有这样，才既能提高管理者自身的工作效率，又能更好地指导下属着手后面的工作。MIS（管理信息系统）的扩散和预测模型及大量员工之间无休止的较量，导致了解决问题过程中的"政治化"，这些进一步增加了管理与实施中的不稳定性因素。而"一页备忘录"解决了很多问题。

　　一页备忘录的特点在于，首先，只有少量的问题有待讨论，那么复核和使其生效的能力将大大加强。其次，建议条目按序展开，简洁、易懂。总之，"一页备忘录"使企业的管理远离了模糊和凌乱，并因简洁明了的这种积极的作风而为公司带来了令人欣慰的高效率。

将执行的问题简单化，剔除不必要的环节，精简执行的步骤，优化执行的流程，合理地分配利用周围的资源与条件，才能使得正在解决的问题能尽快地解决。

执行就要快、准、狠

　　执行力在世界级大公司里被看得有多重？凡是发展得快且好的世界级企业，都是执行力强的企业。企业竞争者的差距就在于执行力的强弱。

　　在工作中，只要企业管理者真正地掌握了执行的"快、准、狠"，那么执行力的核心价值也就找到了。

　　1. 执行速度——快

　　企业竞争，速度是前提。经过深思熟虑后就应迅速行动，把握稍纵即逝的机遇。谁先抢得了市场先机，谁就有可能一举赢得竞争优势。执行力强的人，会将时间进度当作核心标杆来看待，一旦晚于预定时间，就会感到有压力，有紧张感。

　　在现实中，很多人在执行过程中也缺乏紧迫感，经常延误、拖沓，总是慢于进度和计划；即使最终完成了，但也已经晚于预定时间了。例如，两家公司争先发布新产品，谁先发布，谁就抢得了市场先机，谁就有可能一举赢得竞争优势；而另外一家公司将失去一次机会，可能带来的不是失败就是破产。商场如战场，商机稍纵即逝。执行力强的人，会投入更多的资源或者采用其他的补救措施完成任务。相反，执行力弱的人，缺乏时间意识，结果常常不能在规定时间内完成任务。

　　2. 执行尺度——准

　　执行需要密切贴合组织的战略目标、部门的重点方向、组织的流程制度等。与组织战略目标不相符的事没有必要去做。因此，企业管理者需要时时评估每个部门、每个员工的工作是否与组织战略目标相符。

3. 执行力度——狠

执行要追求卓越，追求最好，追求更好。如果执行力度越来越小，会被对手轻易地反攻，许多工作会做得虎头蛇尾，没有成效，缺乏后劲与持续力。

强化标准，执行更完美

　　企业经营管理除了要有使命、愿景这样的激动人心的目标之外，还要制定战略明确实现目标的途径。但这些仍然停留在规划层面，都还属于纸上谈兵，最终都需要在执行层面去落实，这也是企业经营成败最关键的一步。因此我们看到，从全面质量、精益制造、六西格玛，到流程再造，几乎所有的管理变革的核心都是打造企业执行力。因为执行力是把事情做好的能力，而不仅仅是一种意愿。仅有意愿而缺乏能力，就会感到力不从心。

　　事实证明，人的能力取决于掌握的知识和技巧，企业的能力取决于做事的方式，包括流程与方法。管理变革就是要改变做事的习惯，建立更加高效的流程和有效的方法，而困扰我们管理变革深化的最大因素就是根深蒂固于传统习惯中的粗放管理、得过且过。

　　高标准是执行力的源头。见贤思齐乃是人类追求文明进步的天性，但首先应该有"贤"的标准，通过树立标杆明确进步的方向。为此"自控所"提出了"精准细严"的精细化管理目标，并把它具体化到各项业务中，上升为一种全局性的管理文化，从而引领管理变革的持续深化。

　　提到高标准的执行，人们会想到丰田。自从丰田的生产方式被冠以"改变世界的机器"以后的几十年来，到丰田的"朝圣者"始终没有间断过。从管理学者到企业家，大家从各种角度解读丰田，按照自己的理解学习、照搬丰田，虽然都有着不同程度的收获，但时至今日，真正读懂丰田的人并不多。

　　一套体系完整、方法清晰的理论，几十年来没有能够培养出第二个丰田，因为没有人能下得了丰田的"笨功夫"。一套管理方法坚持了半个世纪仍然在不断改进，正是这种近乎"愚公移山"神话式的"笨功夫"成就了丰田今日的地位。在汽车工业竞争如此激烈的红海市场中，丰田能够扎扎实实地把产量做到世界第一，把利润做到超过美国三大汽车工业巨头的总和，而其资产报酬率也高出行业平均值的八倍。

丰田的经验告诉我们，基于定位的差异化优势是短暂的，真正难以模仿的是基于独特文化的做事方式。用高标准做事，在红海市场中同样能够找到"蓝海"。

人生的至理其实并不多，而最大的至理应该是知行合一。全世界的股民都知道股神巴菲特的秘籍是以不变的"价值投资"理念应对诡谲多变的市场，然而自己一旦入市总是抱着投机心理，处处应变，因而导致处处被动。

产品质量是市场竞争力的根本，这应该是最具广泛性的共识。"质量是企业的生命""第一是质量，第二是质量，第三还是质量"，这些话的绝对意义已经使对质量认识的高度无以复加，但是说这些话的人未必完全出自真心，因而差距就在于五十步对百步，信得多做得多就成功得快一些，仅此而已。

管理的高标准、高要求也是同样的道理，就是以高度的责任心，用高标准去衡量，区分"把工作做了"与"把工作做好"。具体到管理变革，就是在推进过程中要扎扎实实按照要求去做，如果以管理基础薄弱为借口随意变通，迁就自己，则"求其下，必败"。

领导要稳 执行要狠

第七章　鞭策不能少：

从"知道怎么做"到"执行更高效"

方法有了，目标对了，就鞭策你的员工改变拖延和懒惰，立即行动起来吧!

　　执行效果的一个重要衡量标准是行动的速度，因为速度现在已经成为决定成败的关键因素之一。当然，快速执行并不是要求你为了完成目标而不计后果，更不能只是为了追求速度就降低工作质量。

　　要以明确的奋斗目标来激发员工的斗志，并让员工把个人目标和企业目标良好地结合起来，从而增强员工的责任感和主动意识，让每一个员工都为同一目标而不断努力奋斗。

启发员工养成凡事立即去做的习惯

执行做到位，以及一项工作的落实，需要迅速行动，只有在预计的时间内完成自己的工作，才能使成绩更有价值。然而，在工作过程中，总会有些员工做事拖沓，拖延时间，不能迅速地落实自己的任务。这种做法不但耽误了工作的进行，延误了工作计划，也在精神上给自己增加了负担。作为领导者，应当引导员工杜绝拖沓散漫的陋习，启发员工养成早落实、不拖延的好习惯。

有一家外贸公司的老板要出差到美国去，而且要在一个国际性的商务会议上发表演说。他身边的几名要员都忙得头晕眼花。在临行的前一天，他向主管甲和主管乙分别布置了一项任务，甲负责演讲稿的草拟，乙负责拟订一份与美国公司的谈判方案。

在老板出国的那天早上，各部门主管都来送行，有人问甲："你负责的文件打好了没有？"甲睁着惺忪的睡眼说："我熬不住睡觉去了，我负责的文件是以英文撰写的，老板看不懂英文，在飞机上不可能复读一遍。待他上飞机后，我回公司去把文件打好，再电传过去就可以了。"

转眼间，老板驾到，第一件事就是问主管甲："你负责预备的文件和数据呢？"主管甲按他的想法回答了老板。老板听后脸色大变："怎么会这样？我计划利用在飞机上的时间，与同行的外籍顾问研究一下报告和数据，以免浪费坐飞机的时间！"听到老板的训斥，甲的脸色一片惨白。

到了美国后，老板与外籍顾问一同讨论了乙的谈判方案，整个方案既全面又有针对性，既包括了对对方的背景调查，也包括了谈判中可能发生的问题和策略，还包括了如何选择谈判地点等很多细致的因素。乙的方案大大超出了老板和众人的期望，谁都没有见到过这么完备而又有针对性的方案。后来的谈判虽然艰苦，但因为对各项问题都有细致的准备，公司最终赢得了谈判。老板出差结束，回到国内后，乙得到了重用，而甲却受到了冷落。

　　领导者要在日常工作中，在点滴细节中，让员工清楚自己的职责是什么，要让他们在面对自己的工作时，总是能够做到努力落实；在接受交给的任务时，总是能够坚定地说："好的，我马上去做！"可以说，不拖延、重落实是提高员工执行力必备的素质。

善激励让员工付出百分百

领导者承担着激励员工的使命，他们必须学会激发下属工作热情的方法，使之心甘情愿地为实现组织目标而努力奋斗。

如何有效地激励员工，是现代领导者要深入研究和把握的关键策略。一个领导者能够有效地激励下属，便可以获得很大的成绩。激励是一种不可忽视的神奇之力，可以实现事半功倍的执行效果，促进执行力的提高。

要使一个单位有活力有生气，激励就是一切。你也许可以干两个人的活，可你却成为不了两个人，你必须全力以赴，去激励另一个人，也让他激励他手下的人。你一个人可以取得一些局部的小胜利，但你要成功创业，要取得最后的全局的胜利，绝对不是你一个人单枪匹马所能完成的。所以，你应该懂得怎样用有效的办法和悦人心意的态度去激励别人，这是十分重要的。

激励，除了给员工加薪水、发奖金等物质激励方法外，还必须掌握其他的激励方法。从马斯洛需求层次理论分析，物质激励满足的只是员工的低层次需要，对于员工的归属感和被尊重的需求就难以满足了。

薪水和奖金这些固然重要，但是如能把工作本身变成激励手段，激发并引导员工的工作兴趣，则更能体现管理者领导能力和企业管理水平。日本著名企业家稻山嘉宽说过，"工作的报酬就是工作本身"，这句话深刻地道出了工作丰富化这种内在激励的无比重要性。当前企业员工在解决了温饱的问题以后，他们更加关注的是工作本身是否有吸引力——工作内容是否有挑战性，是否能显示成就，是否能发挥个人潜力，是否能实现自我价值。因此，注重工作本身所具备的激励作用，并能卓有成效的在工作中运用，是尤为重要的。

美国曾对两千多位著名的科学家进行调查，发现他们很少是由于谋生的目的而工作，他们大多出于个人对某一领域问题的强烈兴趣而孜孜以求，不计名利报酬，忘我地工作，他们的成功是与他们的兴趣相联系着的。

缅因州的汤姆斯公司（天然牙膏制造商）鼓励员工拿出5%的带薪时间去做志愿服务和感兴趣的工作设计。结果公司的业绩非但没有因为工作时间的减少而衰退，反而有不断的创新成果出现。

苹果公司在其创业初期，员工们每周的工作时间不止80小时或90小时，这种狂热的工作情绪不是出于公司的某项强制性规定，而是来源于工作本身的乐趣与挑战性，员工们为改变人们对个人电脑的看法的这一理想而不断奋斗。

不难看出，员工之所以在工作中达到忘我的境界，品尝着"痛并快乐着"的幸福，是因为工作本身在很大程度上激发了员工的内在潜能，而将这种潜能、幸福感与工作相连的一个最重要的因素就是兴趣。

从事感兴趣的工作对员工，特别是知识型员工而言就是一种巨大的激励。一方面，喜欢工作的自由、自主和刺激以及更具张力的工作安排，这体现着员工在工作的同时对自身兴趣的积极发掘，给予较大的自由空间允许员工从事感兴趣的研究也因而成为3M、惠普等跨国企业普遍采用的激励手段。另一方面，员工对自我价值的衡量不仅仅来源于物质待遇的高低，更注重工作本身是否和自身目标与兴趣相一致。员工在工作中寻求的是一展所长的机会，由兴趣引发的巨大创造力和持续的内在动力是物质待遇的激励作用所远远不能及的。

没有人喜欢平庸，尤其对于那些年纪轻、干劲足的员工来说，富有挑战性的工作所带来的巨大兴趣和成功的满足感，比实际拿多少薪水更有激励作用。

以下是有效激励下属的4个策略。

1. 充分肯定下属的出色工作

如果你的下属完成的工作质量非常出色，而身为领导者的你却从来不去注意，他们很快就会觉得实在没有必要如此卖力地工作，下属们的工作质量就会慢慢地下降。作为一个公司的领导者，你有必要也有义务让你的下属知道你是一位有劳必酬的领导者。这是最好的激励方法。

2. 让下属承担富有挑战性的工作

工作中的挑战性是非常重要的，它能够激发一个人的工作热情，激励你的下属在今后的工作中更加勤奋努力，从而对自己树立起更强的自信心，获得事业的成功。让下属承担富有挑战性的工作这一点无论是对你的新下属，还是新员工，都是如此。

3. 恢复下属的自信心

美国哈佛大学的劳伦斯教授一直专注于研究影响工作业绩的关键条件。他指出：导致一个人工作业绩好坏的因素，在很大程度上来自对工作的满意程度——自信。

一个人自信心提高，会使他对自我的把握能力加大，这种自我把握能力是一个人对自己准确评估与预见的能力，它会在人的内心产生一种能动的力量，促使个人趋于完善。

4. 在工作中多褒少贬

一个出色、精明的领导者，不会在一些小事上对自己的下属"横挑鼻子竖挑眼"，而会采取一种宽容豁达的态度，让下属在犯了错误做了错事之后，尽快地了解自己的错误，给予他们时间去争取下一步的胜利，而不是打击他们的自信心。

让期望产生执行动力

在企业组织中，每个员工都或多或少地有所期望，但这种期望并没有形成一种动力，就如同每个人都希望拥有漂亮的房子但却没有设计蓝图一样。因此，成功的管理者就是要发掘员工的期望，并把这种共同的期望变成具体的目标，一旦这个具体的目标或理想被生动鲜明地体现出来，员工就会在头脑中形成更加明确执行的思想意识和意念，并毫不犹豫地追随管理者。

形象地说，管理者利用明确而具体的目标激励员工，就是充当一个"建筑师"的角色。"建筑师"把自己的想法具体地表现在蓝图上，让"建筑"的形象生动鲜明地体现出来，以此激发员工为之努力工作。

当然，即使有行动的蓝图，如果没有清楚地规划实现的过程，也无法使大家产生信心。因此，规划远景的同时，还必须规划出实现远景的具体步骤。这是一个必经的过程，这个过程就是从现在到实现目标所采取的方法、手段及必经之路。

我们可以将目标的实现分成若干阶段，这样既不至于使目标太大，难以激起员工的兴趣，也不至于使目标太小，让员工觉得没有意义。

要让员工和企业有一个共同目标。在成功的企业中，通常用塑造一个共同目标、创造共同的价值理念来激励员工。

美国电报电话公司前总裁鲍伯·艾伦发现，该公司过去的想法和做法都像是受保护的公用事业，他认为这种状况必须改变，而且是在行业动荡不安时进行改变。公司的规划部门为关键性的战略任务提出一个定义，也就是让现有的网络承载更多的功能，开发新产品，从而符合新兴信息事业的需求。艾伦决定不用这样理性和分析性的名词来谈公司的目标。他也不谈论以扩张竞争态势为重点的战略意图。他选择了非常人性化的名词，他说："公司致力于让人类欢聚一堂，让他们很容易互相联系，让他们很容易接触到需要的信息——随时、随地。"这个陈述表达了公司的目标。但他用的都是非常简单而人性化的语言，使人人都能理解。更重要的是，员工能对这样的任务产生共鸣并以此为骄傲。

明确的企业目标是正当可行的，它不是公关惯用的华丽词藻，也不是鼓舞士气的夸大宣传。所以，管理者对定义恰当的目标应作出具体的承诺。

美国康宁公司总裁哈夫顿曾委派公司最能干、最受尊敬的资深领导者负责康宁公司的品质管理。尽管经历了一次严重的财务紧张，哈夫顿还是拨出500万美元，创立了一个新的品质管理学院，用以实施康宁公司大规模的教育和组织发展计划。他还承诺将每个员工的训练时间提高到占工作时间的5%。康宁公司的品质管理计划很快就达到了哈夫顿的目标。正如一位高层经理所说："它不只改善了品质，更为员工找回了自尊和自信。"

总之，让企业上下都愿意为企业目标奉献力量，并让这样的努力持之以恒，应该是管理者追求的目标。

用赞美调动下属的执行积极性

美国玫琳凯公司总裁玫琳凯·艾施女士曾说过，世界上有两件东西比金钱和性更为人们所需，那就是认可与赞美。金钱在调动下属的积极性方面不是万能的，而赞美却恰好可以弥补金钱在这方面的不足。

韩国某大型公司的一个清洁工，本来是一个最容易被人忽视、最容易被人看不起的角色，但就是这个人，在一天晚上发现公司保险箱被窃时，与小偷进行了殊死搏斗，最后保护了公司的财产。事后，大家为他庆功时，询问他的动机，他的回答却出人意料。他说当公司的总经理从他身旁经过时，总会赞美他："你扫的地真干净。"

这么一句简简单单的话，使员工深受感动，把自己的全身心都奉献给了公司。这也正合了中国的一句老话："士为知己者死。"

每一个人都有自尊心和荣誉感。你对他们真诚的表扬与赞同，就是对其价值的最好承认和重视。打动人最好的方式就是真诚的欣赏和善意的赞许。能真诚赞美下属的管理者，能使下属的心灵需求得到满足，并能激发他们潜在的才能。

李先生手下有一支稳定的销售团队，这个团队大概有二三十人。长期以来，这个销售团队的业绩一直不错，可是想要成为公司最佳销售团队，却似乎总是差一点。李先生思考其中的原因，总是感觉这个团队好像缺点什么。

一个偶然的机会，李先生带着他的团队参加了一个团队拓展训练，当时大家都玩得非常开心，以前所未有的合作精神完成了很多高难度的项目。训练回来后，李先生辗转难眠，他意识到，团队缺少的就是一种信念，一种相互扶持、相互帮助的氛围。

于是，李先生给大家下达命令，每天最少要夸一名同事，要努力地帮助每一名需要帮助的同事。李先生自己也以身作则，一改以前的不苟言笑的作风，将赞美的话语挂在嘴边，甚至对于那些工作不理想的员工，也由以前的批评变成了鼓励。办公室的笑声渐渐多了，每个人的声音都开始充满了信心和力量，一股勃勃生机荡漾在每个员工的身边。

要使人们始终处于施展才干的最佳状态，最有效的方法之一就是表扬和奖励——没有什么比受到上司批评更能扼杀人们的积极性了。

在下属情绪低落时，激励奖赏是非常重要的。身为管理者，要经常在公众场合表扬有佳绩者或赠送一些礼物给表现特佳者，激励他们继续奋斗。一点小投资，可以换来更好的业绩，何乐而不为呢？

通过晋升释放员工执行能力

晋升激励就是企业领导将员工从低一级的职位提升到新的更高的职务，同时赋予其与新职务一致的责、权、利的过程。以业绩为导向的晋升方法，是以挑战性目标的确立并为之付出努力而最终实现的过程。

人通常具有永不满足、追求向上的欲望。没有谁愿意永远生活在别人的光辉之下；没有谁愿意躬身谦卑、经年累月地重复着昨天；没有谁愿意一个职位做到老。可以说，只要不是平庸之辈，他都会渴望有升职加薪的机会。

渴望晋升能够最大限度地释放出生存价值，这就是每一位职业人的梦想。所谓"人往高处走"，无非希望出人头地、名利双收，能够在职场上稳步发展或步步高升。在企业晋升管理上，提拔得当，自然可以产生积极的导向作用，培养优秀员工积极向上的精神，能够激励更多员工努力工作和增强士气。

晋升，是对员工的卓越表现最具体、最有价值的肯定和奖励方式。晋升得当，可以产生积极的导向作用，培养向优秀员工看齐的积极向上的企业文化精神。但提升还应讲求原则和评鉴方法，不能凭上级个人的喜好圈点或是滥用人事权力。那么，晋升员工的依据是什么呢？一般情况下，企业对员工的职位进行提升的标准是过去的工作业绩。这是最重要的晋升依据，其余条件都可以说是次要的。一名员工在前一工作岗位上的表现情况，可以作为预测将来表现的指标。切忌将员工的个性、是否受领导赏识作为晋升的依据。

晋升不是利用员工的个性，而是要发挥他的才能。这也是最为公正和实用的办法，这不但能堵众人之口，服众人之心，而且能堵住"小门或后门"，让众多"关系"失效，也可以避免员工有意无意间的钩心斗角。

这个道理虽然简单明了，可是许多企业的管理者往往做不到，问题是多方面的，但主要是因为管理者在用人习惯上是跟着感觉走，以致失去了判断力。很多时候，晋升一个员工往往是因为上级喜欢他的性格和作风，比如，以下的3种情况：

（1）领导是个快刀斩乱麻的人，他就愿意晋升那些做事干脆利落的员工；

（2）领导是个十分稳当、凡事慢三拍的人，他就愿意晋升那些性格审慎小心的员工；

（3）领导是个心直口快的人，他就不喜欢晋升那些说话婉转、讲策略的员工。

另外还有一点，领导普遍喜欢晋升性格温顺、老实听话的员工，对性格倔强、独立意识较强的员工大多不感兴趣。这样的结果，很可能造成用人失当。现实情形是，被晋升者很听话，投领导脾气，但工作却不会有多大起色，而那些有真才实学的员工却报效无门。

领导在晋升员工时，千万要记住：员工的个性不管你喜欢也好，不喜欢也好，个性乖戾孤僻也好，温顺柔和也好，都不必过多地考虑。你要把注意力集中在他们以往的工作业绩上，也就是谁的工作业绩好，谁就是晋升的候选人，这是最好的说服力。固然，在实际操作和权衡方面，还应考察他的品格和相关项目及要素，但着重于业绩为导向晋升的考量，具有更大激励性和引导力。

着重员工现在的工作表现、预测员工的未来，应该以业绩为导向晋升，但应注意过程管理具有的公正明确、系统的考评标准，以公正的考核为依据和以员工的需求为基础，它包括将员工的知识、技能、经历、态度等在工作岗位上加以价值量化，通过绩效考评，从而体现及形成内外的持续激励。

正激励与负激励灵活有度

员工奖惩制度，就是灵活地运用正激励与负激励的各种手段，实现激励员工努力执行任务、奋发向上的制度。

追求快乐、逃避痛苦是人最基本的动力之源。鉴于此，管理制度的设计也分别引入了奖励和惩罚两种手段。奖励是一种激励性力量，惩罚是一种约束性力量，在奖励和惩罚之间的地带，是管理者纵情驰骋的空间。但是，很多管理者十分重视运用奖励制度，冷落了惩罚制度。具体表现在相对于奖励制度，惩罚制度的数量、方式和力度都有减少，甚至有的惩罚制度竟变成了一纸空文，根本得不到执行。这种主动放弃惩罚的做法，无疑是一服管理上的毒药，日积月累后，其危害不容小视。

某保险公司，在年终时距离完成年度任务指标还有不小差距。为了完成任务，总经理下令，不但给一线的业务员施加压力，而且要求所有的内勤办公人员在做好本职工作的同时，每个人都要承担一定的业务指标，并且规定了每个人必须完成的指标下限。为保证落实，总经理还制定了奖惩措施，对超额完成任务的人员视额度予以丰厚的奖励，对不能完成任务下限的员工，则要给予惩罚。最后，该公司"冲刺"成功，如期完成了任务。从整个情况来看，部分有能力的员工超额完成了任务，有的业绩还很不错。而很大一部分员工则在压力下仅仅完成了任务下限。还有一部分员工，由于种种原因，没能完成任务。少数几个员工甚至根本就没有采取任何行动，他们的业绩是"白板"。

总经理知道，如果不兑现奖励，一定会招致员工不满，虽然这一块例外奖励的支出，大大增加了公司的运营成本，但他还是论功行赏，按照事先制定的标准一一兑现了奖励。至于那些没完成任务的员工，总经理认为这毕竟不是大多数人，况且现在公司的总体目标已经完成了，从与人为善的角度出发，没有必要和员工过不去了，于是事先制定的惩罚措施就这样不了了之了。

　　这位总经理不想跟员工过不去，他的一部分员工却跟他过不去了。在这个案例中，超额完成任务而得到奖励的员工和未完成任务却逃过惩罚的员工都很高兴。但是大部分正好完成任务指标的员工却不高兴了，他们在公司高压政策之下，付出很多努力，克服很多困难才勉强完成了任务。但是他们的回报竟然和那些不思进取、偷奸耍滑者并无二致。许多人虽然不敢明着去向总经理提意见，却暗自做了决定，今后再有同类事情，一定要向这些未完成任务的同事学习。蒙在鼓里的总经理不知道，由于他的一个所谓"人性化"管理的失误，在他的公司中，惩罚措施作为一种约束性力量已经在无形中失效了。而且，这种影响作为一种强烈的信号，即不完成者不受惩罚，将会在很长的一段时间内对组织产生负面作用。

　　事实上，这与管理者的奖惩观有关。许多管理者把奖励当成惩罚的对立面。上述案例中的总经理也是如此。在他的心目中，对未完成任务者不施加处罚等同于不奖励。其实不然，奖励的反义词不是惩罚，而是不奖励。同样，惩罚的反义词是不惩罚。奖惩制度的层级应该是这样的：惩罚、不惩罚、不奖励、奖励。换句话说，奖励和惩罚都是相对的，该奖励时不奖励，就相当于惩罚，即隐性惩罚，而该惩罚时不惩罚就相当于奖励，即隐性奖励。管理者一般能看到显性的奖励和显性的惩罚，却看不到隐性的奖励和隐性的惩罚。上面这个案例中的总经理正是在无形中"奖励"了偷懒耍滑的员工，从而引起了努力工作的员工的不满。

　　较多地采用激励性的奖励手段来管理，当然符合人性，这是无可厚非的。但是，这不应该以减少或弱化使用约束性的惩罚手段为前提。两者并不矛盾，而是相辅相成的。管理者只有正确地理清自己的奖惩观，才能在奖惩之际游刃有余，建立合理的奖惩制度，做到赏罚分明。

　　通过建立合理、科学、规范的奖惩制度体系来激发员工执行的积极性已成为当今重要的管理措施之一。这一管理方法完全体现了通过有效的外在刺激，可激发员工的内在动机，发挥其潜力，提高其士气，实现组织目标这一激励的本质特征。

奖励标准是工作价值的心理标准

作为一个管理者，建立自己正确的价值标准，通过奖罚手段的具体实施，并明白无误地表现出来，这是管理执行过程中的一件大事。

有一家企业生产煤气热水器，销售成绩一直不理想。老板认为原因是价格定得偏高，他决定降价20％，于是召集销售人员开会宣布这一决定，大多数销售员赞同老板的决定。只有一个人表示，问题不是出在售价上，而是出在售后服务网点分布不合理以及服务态度不够好上。老板听后不以为然，仍坚持自己的决定，并宣布将按销售额给推销人员分红。在降价后一个月左右时间内，销售量果然大增，有关人员也得到了可观的分红奖励。但随后销售便直线下降，原因正是售后服务跟不上，用户纷纷投诉，甚至写信向媒体投诉。他们的竞争对手趁机推出新型产品，广布服务网点并承诺售出的产品如有问题，维修人员会在24小时内到场解决。结果这个企业的市场份额被竞争对手夺去了大半。这个例子说明老板只是奖励那些顺从听话的员工，而忽视那些有真知灼见、持不同意见的员工，会给企业带来的危害，甚至可能是致命的。以上的例子还说明，人们会积极去做受到奖励的事情而不考虑其是否是正确的。因此老板们千万不要把奖励问题当成一件小事。从这个意义上来说，把正确地奖励视为最重要的管理原则并不为过。

在企业的办公室和车间里常常可以看到这样一些员工，他们往往提前半小时上班，而过了下班时间，他们看上去还在那里工作。老板看到这种情况真是喜上眉梢，因此，一有机会，就会优先提拔这些员工。可是如果仔细观察一下，你就会发现这些员工在上班的时候可能并不是紧张地工作。当老板不在的时候，看报，聊天，甚至干私活。一旦老板出现，他们立即看上去像是在一本正经地工作。这在有些企业已经形成一种风气。而另外一些员工，一般总是按时上下班，并且工作起来效率高，精神集中，加上巧干，最后总能较好地完成执行任务。但是往往当下班时间老板来巡视时，他们已经离开了。老板这时只看到了那些仍然在岗位上工作的人，而会对已经走的人心生不满，当然也就更谈不上奖励他们了。这种现象应当引起老板的深省。一位专家说过："如果你不能在八小时工作时间内完成你的工作，那么不是你被分配太多的工作，就是你的能力不够。"

我们常说，效率是企业的生命，你能想象一个到处充满了磨磨蹭蹭、漫不经心的气氛的企业会有较强的执行力吗？以这种方式工作的员工会给企业带来进步吗？老板们是不是应当反思一下，自己奖励和提升了一些什么样的员工？问一问自己"什么行为应当受到奖励？"不要小看了这件事情，丧失了效率的企业，必将失去生命。

作为一个管理者，你奖励什么，惩罚什么，无疑就是向世人昭示你的价值标准。你的下属、员工，或者认同你的价值标准，努力做你希望他做的事，成为你所希望他成为的那种人；或者不接受你的价值标准，离开你的企业；或者就是阳奉阴违，投机取巧。

要求员工做出什么行为，与其仅仅停留在希望、要求上，不如对这种行为作出明明白白的奖励来得更有效。

作为管理者，应当牢记以下几点：

奖励彻底地解决问题，而不是仅仅采取了应急措施；

奖励冒险，而不是躲避风险；

奖励实用的创造，而不是盲从；

奖励决定性的行动，而不是无用的分析；

奖励出色的工作，而不是忙忙碌碌的行为；

奖励高质量的工作，而不是快速的工作；

奖励简化，反对不必要的复杂化；

奖励无声的有效行动，反对哗众取宠；

奖励忠诚，反对背叛；

奖励合作，反对内讧。

设立竞争对象刺激员工执行力

即使一个人的竞争心很弱，但他的心中也总会潜伏着一份竞争意识。因为每个人都希望出人头地，其潜在心里都希望站在比别人更优越的地位上。

从心理学上来说，这种潜在心理就是自我优越的欲望。有了这种欲望之后，人类才会积极成长，努力向前。当这种自我优越的欲望出现了特定的竞争对象时，其超越意识就会更加鲜明。

明白了这一点，企业管理者只要利用员工的这种心理，并为其设立一个竞争的对象，让其知道竞争对象的存在，就能够轻易地激发其工作热情和执行的积极性，从而让其主动展开竞争，工作效率自然就会提高。

查尔斯·施瓦斯是美国著名的企业家，他管辖下的某个子公司的职工总是完不成定额。该公司经理几乎用尽了一切办法——劝说、训斥，甚至以解雇相威胁。但无论采用什么方法，都无济于事。也就是说，这些工人还是完不成定额。鉴于此，施瓦斯决定亲自到该公司处理这件事。

施瓦斯在公司经理的陪同下到公司巡视。这时，正好是白班工人要下班，夜班工人要接班的时候。

施瓦斯问一位工人："你们今天炼了几炉钢？"

"5炉。"工人回答说。

施瓦斯听了工人的回答后，一句话也没说，拿起笔在公司的布告栏上写了一个"5"字，然后就离开了。

待夜班工人上班时，看到布告栏上的"5"字，感到很奇怪，不知道是什么意思，就去问门卫。门卫将施瓦斯来公司视察并写下"5"字的经过详细地讲述了一遍。

次日早晨，当白班工人看到布告栏上的"6"字后，心里很不服气：夜班工人并不比我们强，明明知道我们炼了5炉钢，还故意比我们多炼1炉，这不是明摆着给我们难堪，让我们下不了台吗？于是，大家劲儿往一处使，到晚上交班时，白班工人在布告栏上写下了"8"字。

智慧过人的施瓦斯用他无言的"挑拨"，激起了公司员工之间的竞争，最高的日产量竟然达到了16炉，是过去日产量的3.2倍。最后的结果是这个平日落后公司的产品产量很快超过了其他公司。

施瓦斯利用人们"好斗"的本性，成功激起了公司员工之间的竞争，不仅巧妙地解决了该厂完不成定额的难题，还使工人们处于自动自发的工作状态。

竞争意识是人们渴望认同、渴望卓越的心理体现。企业管理者要充分利用员工的这种竞争意识，有目的的为他们设立竞争目标，不断激发其自身潜能，让其为企业作出更大的贡献。在具体实施时，可以参考如下做法。

（1）做好岗位备份，让员工时刻感到竞争的压力。给每个员工以公平竞争的机会，每个岗位都要有一个或多个备份，不能一个岗位只有一个人能做，让员工们时刻感受到竞争的压力，要想比竞争对手做得好，就要更加努力工作。

（2）向特殊员工暗示竞争对手的存在。如果某位员工身份特殊（比如有高层关系或裙带关系时），工作不积极，却又不好直接给其设立竞争对象，不妨用言语暗示他，让他知道竞争对手的存在，从而激发该员工努力工作。比方说你只要告诉他："你和××两个人中的一个，晋升是指日可待的。"这就等于对他暗示了竞争对手的存在，如果再不努力，晋升机会就会与他失之交臂。

（3）为需要激励的员工设立一个竞争对象。当竞争对象不容易找到时，企业管理者不妨设一个竞争对象，让企业员工彼此竞争。比如跨部门设立，或寻找同岗位的兼职等。

（4）引入外来竞争对象。如果员工不思进取，而该部门的效益又不错，就果断地招聘新员工，为其设立竞争对手。如果员工在有新的竞争对象后依然不思进取，留之无益，不如辞退。

（5）用裁员威胁逼迫员工主动展开竞争。对于经营状况不理想、而员工又不愿努力工作的部门，不妨向他们挑明公司裁员的打算，让他们主动展开竞争。在使用这一策略时，企业管理者需要根据公司实际情况谨慎为之，不可草率行事。

制造"危机感"的技巧

美国旅行者公司首席执行官罗伯特·薄豪蒙曾说："我总是相信，如果你的企业没有危机，你要想办法制造一个危机，因为你需要一个激励点来集中每一个员工的注意力。"

员工除了有被重视、被信任、被尊重的需要外，还有猎奇、好动、探索的需要。"危机"的出现可满足员工的这一需要，刺激员工执行自己新的工作思路，并且鼓励和支持他们去冒险，满足个人抱负。作为管理者，可适当创造一点儿危机感，给员工提供一些动力。

试想，如果公司的一切都在平稳中进行，任何事情都平淡无奇，没有什么问题，那么工作自然也就不需要，更谈不上什么积极性和创造性了。这时，管理者可适当地运用"危机"手段，将公司"搅拌搅拌"，让员工"活"起来。事实上，人们很多时候都是在承受着"危机"的巨大压力下去努力做到执行的，并且坚持将执行做到位，获得成功。

很多公司正是通过这一渠道，有效地刺激员工的想象力，从而获得新的执行思路和方法的。

当然，制造一个危机并不意味着是去搅乱企业的现况，而是要去创造一个机会，将企业经营提升到更高的层次。

在中文里，危机是由两个词组成的。第一个是危险；第二个是机会。危机激励犹如一个人在森林中被猛兽追赶，他必须以超出平日的速度向前奔跑。对他来说，后面是死的危险，而前方则是生的机会。

实践证明，危机作为一种压力，将促使人们利用他们全部的积极性和创造性解决管理者交给他们的问题，而且随着其处理复杂事情能力的提高，给他们以更多的自信，鞭策他们不断地用他们的积极性做好工作。所以，管理者若想有效地鞭策员工，开发其积极性和创造性，最好的方式之一是给予他们"危机"，激起他们的勇气。

对于那些具有冒险精神的人来说，"危机"的挑战是最强有力的激励力量。他们认为，上司所给予的"危机"是对自己能力的承认和最高的褒奖，让自己有用武之地，从而精神倍增。克服"危机"常需要员工有较高的能力和技巧。而对于那些故步自封者，"危机"将提醒他们：原地踏步一定会被击垮、淘汰的。

作为企业的管理者，你要不断地向员工灌输危机观念，让他们明白企业生存环境的艰难，以及由此可能对他们的工作、生活带来的不利影响。这样就能激励他们自动自发地努力工作，在压力感的促使下不断地达到每一个执行目标。

正因为这样，华为集团总裁任正非才会警告员工："华为的冬天很快就要来临！"惠普公司原董事长兼首席执行官普拉特才会说："过去的辉煌只属于过去而非将来。"企业老总们对危机的感受是深刻的，但一般员工却未必能感受得到，特别是不在市场一线工作的那些员工。很多员工都容易滋生享乐思想，他们认为自己收入稳定，便会高枕无忧，工作热情也会日渐衰退。因此，企业管理者有必要向员工灌输危机观念，树立危机意识，重燃员工的工作激情。同时，这也有助于员工们理解和支持企业管理者所采取的一些无奈之举。

激励专家认为，通过以下措施，可以有效地树立员工的危机意识。

1. 向员工灌输企业前途危机意识

企业领导要告诉员工，企业已经取得的成绩都只是历史，在竞争激烈的市场中，企业随时都有被淘汰的危险。要想规避这种危险，道路只有一条，那就是全体员工都努力工作，使企业更加强大，从而立于不败之地。

2. 向员工灌输个人前途危机意识

企业的危机和员工的危机是连在一起的，所有员工都要树立"人人自危"的危机意识，无论是公司领导班子还是普通员工，都应该时刻具有危机感。你要告诉员工"今天工作不努力，明天就得努力找工作"。如果员工在这方面达成共识，那么他们就会主动营造出一种积极向上的工作氛围。

3. 向员工灌输企业的产品危机意识

企业领导要让员工们明白这样一个道理：能够生产同样产品的企业比比皆是，要想让消费者对企业的产品情有独钟，产品就必须有自己的特色，这种特色就在于可以提供给顾客的是别人无法提供的特殊价值的能力，即"人无我有，人有我优，人优我特"。

总之，企业要不断地向员工灌输危机观念，让员工明白企业的生存环境、企业要面对的问题及可能产生的不利影响，告知这种影响与组织的执行力密切相关。如此一来，员工便会受到激励，会更加努力地工作。告诉那些充满恐惧感的员工：获取安全感的最好途径，就是帮助企业实现最为关键的目标。告诉员工，如果他们不努力工作，就不会有成功，就不会有企业的繁荣，就有可能会失去工作。

让员工的心态从消极到积极

在我们的团队中，没有一个人是笨蛋，我们所缺的是一根导火索，这根导火索就是积极性。领导只有激发出员工的积极性，才能把他们自身那潜藏的能量释放出来，化被动为主动，才能把执行中所出现的问题和情绪障碍都一一铲除，才能使员工的执行力和素质获得提高。

在执行中，我们和员工一起只要抱定非解决不可的愿望和态度，就没有攻克不了的困难。

有了积极的态度，才能让你的团队凝聚成强大的力量，才能让你的企业成为卓越的企业。

老板都希望手下员工个个爱岗敬业，工作充满激情。可是在现实中，不乏仅仅把工作当作谋生手段的人，也不乏以应付的态度对待工作的人。这些人看起来是缺乏敬业精神，但实际上恐怕是他们没有找到引爆创造动力的工作积极性。

工作积极性与我们常说的敬业有些重合之处，但其区别也是明显的。敬业主要强调一种责任，而积极性则是对自己所从事的工作表现出的一种浓厚的兴趣和热爱。以及在自己所从事的工作中享受到的成就感和荣誉感。

工作积极性不是凭空产生的。从主观上讲，要看你是否能从一种更高的视角审视员工的本职工作。一个厌烦自己本职工作又好高骛远的员工，是不可能敬业和有激情的。也许有人会想，老板给我涨点薪水就会改善我的工作态度。其实不见得，提薪也许会让你兴奋15分钟，但作为社会的人，还有很多内在需求，如自信心、成就感、被大家认可的程度等。业绩好的时候，希望听到赞美；心烦意乱的时候，希望找人倾诉。只有自己确实做出了成绩，满足了内在的需求，激发出了内在热情的时候，任何来自个人外部的激励才会产生长期的效果。

海尔总裁张瑞敏曾经说过一句名言："没有激情，如何创造出工作成绩。"拿破仑·希尔说："要想获得这个世界上的最大奖赏，你就必须拥有过去最伟大的开拓者所拥有的将梦想转化为全部有价值的献身精神和激情，以此来发展和销售自己的才能。"对于员工来说，积极性是一种动力，在你遇到逆境、失败和挫折的时候，它会给你力量，指引你去行动，去奋斗，去迈向成功。凭借积极的态度，我们可以把枯燥无味的工作变得生动有趣，使自己充满活力，充满对事业的狂热追求；我们也可以感染周围的同事，获得他们的理解和支持；更可以获得老板的赏识、提拔和重用，赢得珍贵的成长和发展的机会。

领导者要让员工懂得，积极的态度是做成任何事情的必要条件，工作中需要注入巨大的激情，只有充满激情地工作才能创造最大的价值，才能让制度在企业的经营活动中得到不折不扣地落实，才能让企业和个人一起取得最大的成功。

不忽视激励中的每个细节

细节体现精神，细节体现温暖，激励体现在管理执行过程中的点点滴滴。

当然，激励并非一定是要物质奖励或者提升职位，采用一些其他的手段照样可以达到目的。比如，我们可以采用下列方法。

（1）在开会或是其他场合，给予工作上表现出色的员工书面或口头上的赞扬。当然，这种赞扬必须是衷心的，而不是表面的敷衍和应付。

（2）你的公司的事业蒸蒸日上，你要让那些为公司立下汗马功劳的下属和你一起享受这些成就和荣耀。

（3）在平日的工作中，真心地欢迎你的员工们表达自己的意见，提出工作上的建议，并对他们给予表扬或奖励。

（4）邀请你的下属参加影响公司前途和命运的会议，并鼓励他们发表自己的建议和意见。这样，他们就会自觉地将公司的命运和自己的命运紧紧地联系在一起。

（5）积极鼓励及奖赏那些尽力帮助公司摆脱困境，并向你提出建议和批评的下属。

（6）鼓励你的下属对公司的发展提出个人的意见及构想，甚至鼓励他们提出与你的意见完全相反的意见。

（7）经常抽空和你的下属一起吃饭。

（8）经常抽出时间，和你的员工们聊聊天，并通过这种方法了解他们，和他们建立起良好的关系。

（9）经常和员工们谈谈他们的人生理想、生活目标，并鼓励他们树立远大的理想和目标。

（10）真心实意地给你的下属提升的机会，以满足他们的期望。

（11）给你的下属创造提升、旅游、参与实现新工作目标及完成任务的机会。

（12）如果有机会，将你的下属介绍给公司的最高层人员，并给予下属向他人学习的机会。

（13）给下属以竭尽所能、力争上游的机会。

（14）要求自己和下属在工作与生活中都和气、诚实、公正、公开。

（15）鼓励下属从某一工作组织、社团或报纸上获取工作和其他方面的知识，以实现他们的个人理想。

（16）了解下属在工作之外的业绩和其他方面的表现。

（17）当你的下属实现了自己的人生目标，应该给予他们物质和精神奖励，哪怕他们从此以后不再为你的公司工作。

领导要稳　执行要狠

第八章 人力是利器：
从"一个人干到死"到"执行赢在团队"

为什么聪明的员工一旦加入团队后，其行为却经常不能服务于企业的最高利益？

为什么以团队为基础制定的决策成果有时会变成效率低下、导致决策错误的"集体思想"？如果这种不幸发生在你的团队中，作为团队领导，你要怎样才能扭转这种不利局面？

心之所向，力有所聚，管理才能高效运转。

随着知识型员工的增多及工作内容智力成分的增加，越来越多的工作不再是仅仅依靠一两个优秀的个体人才就能完成，而必须由团队合作、共同执行来实现。

培养员工的团队执行意识

团队意识是团队协作工作中非常重要的一部分，是团队执行力的保障。如果一个团队什么人才都具备，也有很完善的工作计划，但是团队成员缺乏团队意识，那么再简单的团队协作也很难完成。

三只老鼠一同去偷油喝，可是缸底的油只剩一点儿，而且缸比较深，它们单凭自己力量谁都不可能够到缸底的油。于是，三只老鼠想出了一个办法，就是一只咬着另一只的尾巴，吊着下去喝，等第一只喝饱，再交换位置让第二只下去喝，然后再让第三只下去喝。

商量好之后它们便开始行动，第一只先下去的老鼠边喝边想：缸里的油只有这么一点儿，我还算走运，第一个下来，一定要喝个饱再换它们。在中间的老鼠想：下面的油如果都让下面这小子喝完了，我不是白忙活了吗？还是不管它，我自己跳下去喝吧！最上面的老鼠想：油这么少啊！要是等它们喝完我再下去，还能剩什么呀！还是自己跳下去喝比较划算。结果可想而知，上面的两只老鼠都松口，自己跳下去喝，最后三只老鼠谁也出不来，只能在缸里被饿死。

上面的例子如果变换一下，完全可以成为关于团队合作的案例。三只老鼠想到的不是团队，只是自己。虽然有很好的计划，也试着按照计划去做了，但是却把本应该饱餐一顿的美事，演变成了被饿死的惨状。

三只老鼠算得上聪明，也算得上灵活，它们想到了一只咬着另一只尾巴到缸底喝油的好方法，也能完成这个高难度的动作，可它们却缺乏团队意识。最下面先喝到油的老鼠觉得自己幸运，利用了其他两只老鼠；上面的两只老鼠觉得自己吃了亏，不能让下面那只占便宜。于是，之前用聪明的方法组成的临时团队也就在三只老鼠只考虑自己的想法中瓦解了，而随着这个"团队"消失的还有它们的生命。

团队的概念最早是由沃尔沃公司和丰田公司引入生产过程的，在当时可以算得上是新闻热点而轰动一时。如今，如果哪个公司还没有在工作中引入团队的概念，那么，这个公司估计也可以成为新闻热点了。团队的产生是为了完成需要多种技能、多种经验的工作，这些工作是一个人或者一群没有组织的人所无法完成的。

要组建一支在竞争激烈的商场上有战斗力的团队，光有人才和好的工作计划是不够的，最重要的是需要一种无形的力量——团队意识。团队是否有较高的运行效率，是否能在任何条件下稳定、灵活、迅速地完成各种难度较大的工作，取决于团队的组成人员是否具有团队意识。也就是说他们是否能把自己融入到团队中，是否能在团队协同工作的任何时候都将团队的利益放在首位，是否能在做好本职工作的同时将有效地配合放在重要位置。

要培养团队成员的团队意识，团队的领导也是关键。领导者需要有意地、经常性地用各种方式来培养下属的团队意识。首先，团队成员的追求目标要一致，这是团队的方向和推动力，让团队成员愿意为实现这个目标而贡献力量。其次，团队成员要敢于承担责任，即清楚地知道有些责任是所有团队成员共同承担的。领导要在平时的工作中让团队中的每个成员明白，大家是一个整体，团队成功也就代表着个人成功，团队失败也就代表着个人失败。每个人都是团队的一分子，都担负着不可推卸的责任，每一项工作都关系着整个团队的工作是否能按照既定的轨道行进。

团队建设三要素

随着社会分工越来越细化，个人单打独斗的时代已经结束，团队合作提到了管理的台前。团队作为一种先进的组织形态，越来越引起企业的重视，许多企业已经从理念、方法等管理层面着手进行团队建设。

不过，有些情况出现在团队建设中，发出了隐秘的危险信号，它们如果不被重视会容易蒙蔽团队领导的眼睛，团队建设也将会前功尽弃。

团队建设需要领导从以下三个方面努力。

1. 提防精神离职

精神离职是在企业团队中普遍存在的问题。其特征为：工作不在状态，对本职工作不够深入；团队内部不愿意协作，行动较为迟缓；工作期间无所事事，基本上在无工作状态下结束一天的工作。以上的这些表现也是执行力不佳的直接反映。精神离职产生的原因大多源自个人目标与团队的执行愿景不一致，其中也有个人工作压力、情绪等方面原因。

2. 避免出现超级业务员

个体差异导致了超级业务员的出现，其特征为：个人能力强大，能独当一面，在团队中常常以超常的业绩领先于团队其他成员，组织纪律散漫，好大喜功，目空一切，自身又经常定位于团队功臣之列。超级业务员的工作能力是任何团队所需要的，但领导必须对超级业务员进行控制，避免其瓦解团队，影响组织整体的执行效率和速度。

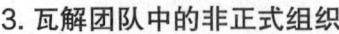

3. 瓦解团队中的非正式组织

团队是全体成员认可的正式组织。非正式组织在短期内能够很好地进行日常工作，能够提高团队精神，调和人际关系，实施假想的人性化管理。这在团队发展过程中，基本上向有利于团队的方向发展，但长期而言，非正式组织却会削弱正式组织的影响力和执行力，从而降低管理的有效性，致使工作效率低下，优秀团队成员流失。领导必须瓦解团队中的各种非正式组织，让所有的员工都融入企业的工作中来，确保执行目标的一致。

团队必需的八种角色

　　一个思维正常的人是不会把11个足球运动员放到一个板球队里，或者试图用11个拳击手组建一个足球队的，道理显而易见。但一些企业仍固执地认为一支由优秀人员组成的团队一定能战无不胜。其实，一个团队不仅需要拥有完成任务所需要的不同技能和技巧，还需要有一系列不同的性格或者具有不同特殊喜好的人。

　　英国学者贝宾列出了一个优秀团队所必须具有的八种人才。

　　（1）总裁：与其说他们是专家型或者是具有创造性的人，不如说他们是纪律严明、轻重分明和能力均衡的人。其职责是挑选人才，凝聚和协调员工之间的关系。

　　（2）造型师：特征是项目领导，性格外向，能有力地推动任务的进展。他的力量来源于个人动机和对任务的激情。

　　（3）生产者：是原创思想和建议的源头，团队中最富于创造性和最聪明的成员，但可能不注重细节问题。他们需要激励和引导，其才能才会发挥到极致。

　　（4）监测评估者：负责检查工作并指出论证中缺陷之处的人。他们擅长分析甚于创造。

　　（5）资源调查者：让团队与周围世界保持联系的联络人。他们性格趋于外向，有魅力。

　　（6）公司工作人员：把思想具体转化为行动时间表的实践组织者和管

理者。

（7）团队工作人员：受人喜欢和欢迎，通过鼓励、理解和支持来让每个人保持前进。

（8）猎手：如果没有他的话，团队可能永远都不会按时完成任务。他对任务的严格跟踪是很重要的，但不总受人欢迎。

换句话说，选择技术型人才是重要的，但要保证他们中间有人能担任其他重要的职责。

团队是由个体聚集在一起组成的一个集合，在执行任务或者解决问题时需要用到他们的才能。团队赢了，则团队中的每个人都赢。如果团队输了，则团队中的每个人都输。

每个成员必须首先对团队整体保持忠诚。如果把这些个体都看成是各方面的代表，他们的忠诚就会分散，他们的承诺就会混淆，他们的职责就会不确定。团队会议会倾向于非正式的聚会，而不是严密安排的会议。他们有领导，但没有老板，成员间直呼其名，而不是称呼其职务。

团队就像个人一样，你可以看着他们形成，创造出属于自己的形象标志，找到每个成员的定位和他们所能担当的职责。对很多团队来说，形成期之后，是动荡的时期，团队成员开始对最初的组织形式提出挑战。动荡之后是规范期，这个时期团队开始在新的团队结构中稳定下来，总裁、造型师和其他人员开始发挥作用。最后，团队走向真正的成熟，并开始能真正担当重任。

这些成长阶段——形成、动荡、规范，是任何一个团队生命历程中不可缺少的过程。忽略这些过程常常会导致团队过早地夭折，团队建议不得不重新从头开始。

没有一个像在家庭中一起成长的机会，团队就不会形成一个互相信任的氛围。在这种氛围中，大家各司其职，任何人都会尽忠职守。

所以，工作的绝佳环境就是处于一个好的团队中——在这样的团队里让人兴奋、富于刺激、充满支持和成功。而好的团队其成员组织也是合理、高效的。只有让团队成员分工合作，分配协调，才有利于组织执行力的稳步上升，避免了有的成员执行不到位或者越位执行的情况。

凝聚力带来团队高绩效

许多员工习惯于以自己个人的努力程度作为上级管理和评估的依据。即便被告知自己是团队的一员，他们也还是放不下对自己工作表现的关心。这时，领导的主要工作就是帮助这些员工把注意力从个人的工作表现转移到团队的工作表现上来。如果领导不做这个工作，依旧让员工们把注意力放在自己的个人表现上，就难以在他们中间建立起一个高效的团队。

员工要优先考虑团队的业绩，而不是个人的成绩。当然，个人的成绩也不能忽视。但是团队的表现更为重要，因为如果团队没能取得成功，个人表现得再好也于事无补。

带领团队的模式主要有两种，李广模式和霍去病模式。

李广带兵，同吃同住，平时体恤下情，战时身先士卒，自己本身勇武过人，和士兵打成一片，有很强的感情纽带，这样的团队，凝聚力是最强的。

霍去病带兵，自己是吃随军御厨专门服务的，平时鲜衣怒马，高高在上，拥有绝对权威，然奖罚分明，令行禁止，底下兵的待遇优厚（地位，饷银），容纳了不少能人异士，依靠律条管束，糅合，激励军队。这样的团队，执行力是最强的。

因此，要关注团队的整体表现，关注每个成员为团队的整体表现作出了哪些贡献。这就需要在团队整体中体现以下几个原则。

1. 让团队来纠正个人的工作表现

在过去，领导总是把纠正员工的工作表现作为自己的任务之一。团队如果能够真正建立起来的话，这种情况就会改变。高效的团队在纠正、提高成员工作表现方面的作用要比大多数领导强得多。因为一位差劲的员工可能会时刻感受到来自其他团队成员的压力。

2. 不要奖励无助于团队成功的个人表现

团队里会有杰出人物，但他们不同于传统工作群体中常见的杰出人物。团队中的杰出人物是那些帮助团队实现整体目标的个人。只要有足够的时间，几乎每个团队成员都能成为杰出人物——他们在特定的时间点上都会为团队的工作作出特别重要的贡献。所以，如果有人作出了什么贡献的话，不要把他单列出来。因为如果团队成员相信某人作出了非常突出的贡献，他们就会承认这个现实。还是由他们去处理这些事情吧！

3. 把团队的表现作为评估个人表现的主要因素

个人表现评估其实并不能与高效的团队表现相提并论，但大部分团队都要对个人进行评估，至少在开始的时候是这样。但是要保证，把个人作为团队成员的表现——合作的意愿，以及将团队的目标置于自己的目标之上的精神作为最重要的因素来考虑。

员工作为一个个体的高效工作表现，与作为一个高效团队的一名成员的工作表现，两者之间有时候会产生矛盾。团队刚开始培养凝聚力时，经常会遇到这样的问题。

然而，当团队开始从一个工作小组向一个真正的团队转变时，太多的"集体思想"并没有产生真正阻碍，相反团队要懂得怎样才能做到名副其实，怎样才能让每个成员扮演的角色都有意义，同时又使每个人都全身心地为实现团队的目标而努力。

在这一过程中，作为领导，你应该扮演一个关键角色。高效的团队需要成员之间的密切联系与合作精神，你对此的理解越深刻，就越能把这一理解更好地传达给团队的成员。这在团队形成的初期尤其重要。

改变团队的执行方式

与各种群体一样，团队成员之间在执行任务过程中需要不断进行互动和交流，这对他们创造业绩的能力的发挥有着极大的影响。其中有些互动交流会提高团队的效率，而顽固的低效率行为大多是因为团队成员对执行中的具体要求存在误解或偏差所导致的，因为错误的思维方式作祟，导致了执行效果不佳或者执行结果偏离最初的目标。

具体来说，有三种类型的因素会对团队的业绩产生影响。这些因素连同它们互动的方式共同形成了团队的架构。

面对面的架构涉及那些在办公室中运作，可以直接感受到并且显而易见的因素。其中包括该团队必须完成的任务、团队的组织方式及执行工作所必需的互动交流。

社会架构是涉及团队更为广泛的企业组织、商业和环境因素。它包括激励系统、权力结构、文化因素、顾客需求及竞争压力。

个体架构是指每个人带到办公室的观念、情感及更为深层的信仰。

团队架构的这些因素密切联系，如果团队架构的每种因素一旦完全被看作团队系统的一部分时，就有可能成为迅速提高团队效率的杠杆。

当我们剖析复杂的互动交流时，通过细致观察就会发现，团队成员表现出如下四种行为方式：发起者发起一连串行动；追随者支持发起者；反对者反对发起者；旁观者在一旁观察并发表推动发展的评论。

对团队中这四种行为方式的研究，有助于认清和转变团队的执行行为。

在一个高效的团队中，每种行为方式的作用都很重要。高效的团队使这四种行为方式皆各得其所，即能够使这四种行为方式成功地发挥各自的作用：发起者提供方向；追随者实施完成；反对者进行纠正；旁观者提出全面的看法。

缺乏效率的团队不具备使这四种行为均衡发挥作用的能力。在低效团队中，不能发挥作用的行为方式可能不止一种，也就是说，该团队组织阻碍这些行为发挥作用。

上述四种行为不断重复出现的模式，我们称之为基本行为模式。下面是三种较常见的基本行为模式。

1. 对抗型

在执行计划具体实施的过程中，对抗类型的团队很常见。有人发起提议，接着有人加以反对。团队协作变成双方对抗，各持己见，互不相让，跟随者和旁观者不存在，或者难以提供新的建议，或者不能消除分歧。团队因而达不成解决方案，导致出现问题。

如果你领导的是对抗型团队，你可以扮演旁观者的角色，对双方的观点不予置评，只是向大家提醒团队所处的状态及其影响。你可以进一步帮助团队将这种对抗变成一个学习的机会："让我们看看从对立的意见中可以学到些什么，然后再看一看有没有达成妥协的可能。"或者你可以鼓动沉默的旁观者："我相信大家都参与能使我们的讨论取得进展。我很想听听更多人的意见，你们觉得呢？"

建立具体的基本规则可以缓和对抗行为，不过，如果提不出改进方法或更好的建议，最好不要反对别人的意见。

2. 礼貌服从型

在这种模式中，某人提出建议，其他人出于责任才去服从。讨论所表现出来的特点是平和、理智，没有丝毫的火药味。团队成员可能会礼貌地支持讨论的结果，但不一定真正认同。他们不但对决策的质量，而且对大家能否积极支持决策和完全执行的能力心存疑虑。

如果你是礼貌服从型团队的正式领导者，就应本着弄清问题的态度来开始对话，而不是一开始就下结论，或限定一个狭窄的讨论框架。你要反映团队目前的状况及其对团队绩效的潜在影响，并询问团队对此的看法："不要囿于给定的观念，我们应该更广泛地讨论问题。你们看呢？"

3. 隐形反对型

这种模式与礼貌服从模式在表现上相似，实际上是隐藏着的真正反对。比如在执行一个任务的讨论中，当有人提议后，表面上大家都同意。然而，在公开的服从之下，大家实际上对提议持怀疑态度。因此，团队成员之间并没有真正达成共识，即使有好的结果也只是运气好。

当你注意到隐形反对现象时，应从旁边观察并帮助团队认清这种隐形反对的结构及其对团队执行力的影响："会上每个人都赞同采取下列步骤，但会后却毫无进展。你们对此是否也有同感？你们说这是怎么回事？"

制定鼓励反对者畅所欲言的基本规则。当团队遇到阻碍时，提醒团队成员遵守基本原则："请不要忘了我们的约定，对每个重大决定，我们都要探索出不止一种的完全不同的解决方法。谁能再提出一个？"

一个具体的团队情景可能类似于上述某个基本模式，却永远不会相同。一旦你掌握了上述三种行为的特点，并懂得团队的执行如何反映团队结构的其他方面，你就能找出你的团队所特有的行为模式。此外，你可以学会观察员工们的基本思维方式和企业组织中的各种因素是如何强化这些行为的。

要允许、鼓励提出不同意见，帮助团队将提出反对意见作为一种学习的机会，使反对意见成为团队创造力的一个来源。如果你真要发动一场持续的变革，那么至少要在团队结构的三个层面上作出相应的调整。比如，减少无效的对抗行为，集思广益创造双赢的解决方案，对团队成员执行计划中的目标进行调整，激励团队成员朝着一致的方向努力，并对他们进行相应的奖励。

先找对人，再决定做

人找对了，事就成了。先找对人，再说执行。"先找对人"是个非常简单的观念，但很难做到——而且大多数的公司都没有做好。

"从优秀到卓越"的公司都有坚强的经营团队，但是，许多公司采取的却是"众星拱月"的模式，整个公司为伟大的天才搭建了表演的舞台。高高在上的天才是推动公司成功的主要力量，只要他还在位一天，就是公司的宝贵资产。天才几乎很少建立起卓越的经营团队，原因很简单，他们不需要也不想有卓越的经营团队。如果你是天才的话，你根本不需要许多个个可以独当一面的顶尖将才，你只需要大批优秀的士兵来执行你的伟大构想即可。然而当天才离开后，经营团队往往不知所措。

艾克德公司的领导者很懂得找出应该"做什么"，却没有能力"找对人"来组成优秀的经管团队。杰克·艾克德素来精力旺盛（他一面经营企业，一面竞选佛罗里达州州长），对于市场有天生的洞察力，同时他也是谈生意的高手，他原本只在德拉维尔州拥有两家小店，后来通过不断购并，建立起了连锁药房的王国，艾克德旗下的连锁药房遍布美国东南部。到了20世纪70年代后期，艾克德的营业额已经和华尔格林不相上下，眼看艾克德很可能脱颖而出，成为同业中的卓越公司。但就在这个时候，一向热切向往从政的艾克德离开了公司，竞选参议员，同时进入福特主政时期的美国政府。失去了艾克德的领导后，艾克德公司从此一路走下坡路，最后终于被卖给了杰西潘尼百货公司。

　　艾克德和华尔格林的区别十分惊人。比如艾克德很懂得挑对药房来买；华尔格林则很懂得挑对人才来用。艾克德能看出哪一家店开在哪里最适当；华尔格林则能看出哪个人应该放在哪个位置最能发挥其才能。企业领导者最重大的决定莫过于挑选接班人了，艾克德在这方面完全失败，华尔格林却培养了好几位优秀的接班人选，最后挑选了其中最优秀的一位来接他的班。艾克德根本没有经营团队，只有一批能干的助手围绕在身边，策略中最主要的指导机制全藏在艾克德的脑子里；华尔格林公司的策略则是由优秀的管理人才分享洞见、共同讨论出来的。

　　优秀的执行力凸显企业竞争优势，增强企业执行力的关键要素之一是让合适的人做合适的事。著名管理专家柯林斯强调，必须在你想清楚要把车子开往何方之前，先把适当的人请上车（并且把不适合的人都请下车）。要让公司从"优秀"变成"卓越"，在用人时必须精挑细选，非常严谨。

强化员工的执行合作精神

没有协作，任何一个企业产品的开发都是不可能实现的，企业发展的速度、革新、敏捷性，这些都需要通过协作实现。这种协作，不仅包括内部协作，还包括外部协作。技能比较棒的人，我们一般都会在职务上对他们进行提升，比如提升他们为市场总监、财务总监等等。领导者还需要注意那些在执行任务过程中非常擅长和强调协作的人，也要对他们进行奖励和表彰。

团队精神的核心是协同合作，最高境界是全体成员的向心力、凝聚力，团队成员为了团队利益与目标而相互协作，共同承担责任，齐心协力，会聚在一起，才能形成一个团结、高效的集体。

大家都知道的"拔河"比赛，就是一种最能体现团队精神的运动，每个人都必须付出百分之百的努力，心朝一处想、劲朝一处使，紧密配合、互相支撑，才能形成一股强劲的凝聚力和战斗力。

当沃尔玛、丰田、通用等公司把团队精神引入它们的生产过程中时，曾轰动一时而成为新闻热点。现在，团队精神已成为企业管理过程中受到普遍关心的问题，通用电气、惠普、克莱斯勒、波音、摩托罗拉、联邦快递、苹果、百事可乐等许多企业都特别强调团队精神。

通用电话电子公司董事长查尔斯·李说："最好的CEO是构建他们的团队来达成梦想，即使是迈克尔·乔丹也需要队友来一起打比赛。"

芝加哥公牛队在20世纪80年代一直是NBA中的一支普通的球队，没有显山露水，大家也从来没有想过这个球队会名扬天下。在1984年乔丹加入之后的6年中，这支球队努力想成为一支冠军球队。一开始，乔丹平均每场能得到40多分，但他那时比较矛盾，他喜欢自己投篮，不愿意传球给他的队友。尽管个人成绩很好，团队成绩却不容乐观。在教练的不断劝说下，乔丹才试着把球传给别人，当乔丹这样做时，团队成绩立马改观。经过长达7年的磨合之后，这个球队的水平立即一日千里，团队成绩一直遥遥领先。这正是团队精神运用的结果。

《榕基之歌》里面有一句歌词非常好："协作是竞争大道，英雄是团队脊梁，一起超越自己，进步有谁能阻挡"。事实证明，如果执行某项工作任务需要多种技能、经验，那么由团队来做通常比个人来做要好。通过团队成员的共同努力，能够产生积极协同作用，团队的绩效远远大于个体成员绩效的总和。

衡量一个企业是否有生命力，关键的因素是企业是否有团队精神，企业的员工和企业的带头人是否具有团队意识。没有"团队精神"的企业，一切美好的想法和愿望都将为零。没有团队意识的员工，无论有多高的学识、技术和学历，都将不会让组织朝着有利于组织的方向发展，一切才华、学识对于这个企业来讲或许都是零。而没有团队意识的企业带头人，就会成为"光杆司令"，无法将无数的个人精神凝聚成同心协力、团结共进、群策群力、众志成城的团队精神。

团队精神是团队能够取得高绩效的灵魂，是成功团队身上难以模仿的特质，没有多少人能很清楚地描述团队的"精神"，但每一个团队成员都能感受到团队精神的存在，能够感受到令人振奋的力量。应当说，高效团队所具有的强大竞争力的根源，不在于成员个体能力的卓越，而在于其成员形成的整体合力，其中起最关键作用的，就是那种弥漫于其中、无处不在的团队精神。

团队精神对任何一个团队来讲都是不可缺少的精髓，否则团队就如同一盘散沙。"一根筷子容易弯，十根筷子折不断"，这就是团队精神强大力量的直观表现。

　　韦尔奇曾说："我深刻地体会到，比赛就是如何有效地配置最好的运动员。谁能够最合理地配置运动员，谁就会成功。这一点对商业来说没有任何不同。"建立一支团结合作、高效工作的团队，是领导者工作中的重要环节，也是组织绩效和执行力的重要保证。在一个团队中，只有大家彼此配合，充分发挥团队精神，才能使执行力发挥到极致。

汇聚向心力，提升团队默契

彼得·圣吉在《第五项修炼》一书中说："未能搭配的团队，许多个人力量一定会被抵消浪费掉……当一个团体能整体搭配时，就会会聚出共同的方向，调和个别力量，而使力量的抵消或浪费减至最小，发展出一种共鸣，就像凝聚成一束激光，而非分散的灯泡光；它具有目的一致性及共同愿景，并且了解如何取长补短。"

作为团队的管理者，你固然要让每位成员都能拥有自我发挥的空间，让执行力得以充分体现。但更重要的是，你要培养大家破除个人主义，形成整体搭配、协调一致的团队默契度。如果能做到了这一点，自然就能凝聚出高于个人力量的团队智慧，并且随时都能造就出不可思议的执行成果来。

近年来在国内十分盛行的拓展训练，就主要是通过体验式训练和模拟场景训练来提升团队合作精神，其中有一个项目十分经典，叫盲阵。在一块空地上，将一队人（人可多可少，越多越难）蒙上眼睛，交给他们一根长绳子，要他们在规定时间内把绳子拉成一个正方形。起初大家往往会乱成一团，每个人都有自己的主张，自由走动，你推我撞，你叫我喊，乱成一片。而经过漫长而无为的争吵后大家才渐渐明白：必须确定一名优秀者为领袖，还要有一名智者为助手，统一意志、统一目标、统一行动，大家都要自觉地做到令行禁止，各负其责，才能完成这个简单的游戏。做好看似简单的游戏并不容易，这里就包含了一个团队从组建、合作到完成任务的过程。

将团队定义为"一个联合而凝聚的团体"的管理大师威廉·戴尔，在

《建立团队》一书中一针见血地指出了近15年来管理者在组织内的角色所产生的重大改革。他解释说："过去被视为传奇英雄，并能一手改写组织或部门的强硬领导者，在今天日趋复杂的组织下，已被另一种新型领导者所取代。这种领导者能将不同背景、训练和经验的人，组织成一个有效率的工作团队。"

英国著名策划专家博比·克茨在《公司协作中的用人术》一书中认为："公司领导的责任不是仅考虑员工个人才能的释放问题，而是应该根据每个员工个人才能的特点，加以组织起来并形成团体协作力量。没有团体协作的个人才能，仅是局部的效应；如果要真正构成重大的竞争优势，必须有效地把彼此分散的个人才能组织起来，构成团体协作的结构力量。"

对企业组织管理内涵有丰富第一手经验的并以负责教育训练工作而闻名的威廉·希特博士提议，领导者要用"参与式"管理来替代专断式管理。他认为："与其试着由一个人来管理组织，为何不让整个组织一起分担管理的功能？"希特说得可谓直指人心，因为在专业分工发展的环境中，我们越来越需要大家一起互动运作、通力合作，唯有这样，才能快速、顺利、有效地完成工作。

海尔集团的团队是优秀的。有一个平凡的故事令人感动：有一次，一个德国的经销商打来电话，要求海尔集团"必须在两天内发货，否则订单自动失效"。而两天内发货意味着当天下午所有的货物必须装船，而此刻已是星期五下午两点，如果按海关、商检等有关部门下午五点下班来计算的话，时间只有3个小时，按照一般程序，做到这一切是没有可能的。如何将不可能变为可能，此时海尔人优良的团队精神产生了巨大的能量，他们采取齐头并进的方式，调货的调货、报关的报关、联系船期的联系船期，全身心地投入到工作中，抓紧每一分钟，使每一个环节都顺利通过。当天下午五点半，这位经销商接到了来自海尔"货物发出"的消息，他非常吃惊，后又转为感激，不久，他还向海尔写了感谢信。

一个团队的建设，关键在于发挥团队的协同效应，而协同效应的发挥在于部门与部门之间、员工与员工之间的良好合作。

团队协作好比是人的手，五指虽然有长有短，有粗有细，虽然各司其职，但只要它们紧密合作，挥出为掌，则能裹挟一股劲风；握紧为拳，则蕴蓄虎虎生气。团队可以是拳头或手掌，它的威风来自于每根手指的紧密合作。

人与人的合作不是人力的简单相加，而是一种优势互补，精诚协作的过程。在人与人的合作中，假定每个人的能力都为1，那么10个人的合作结果，有时要比10多得多，而有时又比1还要小。因为人不是静止的动物，具有方向各异的能量，相互推动时事半功倍，相互抵触时一事无成。

唯有合作才能产生巨大的力量。因此，经常教导、灌输团队成员只有相互依存、依赖、支援才能完成任务的观念，是管理者责无旁贷的重要职责。

维护团队气氛与人和环境

"和"在组织执行中的作用，强调人际关系和谐的重要性。有了"和"，才能集合群体的力量，提高工作效率，实现执行目标。

在IBM，每个人都在努力缩短人与人之间的距离，创造良好的人际关系氛围。小托马斯·沃森曾经说过："没有任何事物能够代替良好的人际关系，以及这种关系所带来的高昂的士气和干劲……建立良好的人际关系说起来很容易。我认为，真正的经验就是，你必须始终坚持全力以赴地塑造这种良好关系，此外，更重要的是，所有的人必须形成一种团结的力量。"

在IBM公司工作，光靠埋头苦干是不行的，员工之间必须团结、互助、合作。在IBM公司，一件事往往会关联到很多部门，有时候他们会从全球的同事那里得到帮助，所以，员工间的友好互助意识非常普遍，工作中随时准备与其他同事合作。

良好的人际关系有利于沟通，使人心情愉快；亲和的文化氛围，有助于凝聚人心，培养团队精神。

玫琳凯·艾施是20世纪美国企业界的一个新秀。她将一个小公司做成一家大企业，原因就是她"精通人际关系学"。

艾施之所以特别重视人际关系，是因为她从实际工作中得到了启发。成为企业领导者之后的艾施，总是尽力处理好与每一个团队成员之间的关系。

当有人问，"你是怎么做到这一点的？你难道不觉得累吗"？

艾施说："当然，做到这一点很不容易，但是，我从来没想过要放弃，因为我曾亲身体验过被一个对于你来说很重要的人冷遇是什么滋味。处理好上下级的关系永远是至关重要的。切记，永远不要用你不喜欢被对待的方式对待任何人。"

在玫琳凯化妆品公司，团队成员间的融洽更体现在公司内部如家庭般的气氛上。玫琳凯化妆品公司中的人从不互称先生、夫人或小姐。公司办公室的门上也没有职位标志，而且除了开会之外，门总是敞开着的。

实践证明，和谐、融洽的上下级关系能够激起员工的自尊，使员工感到温馨。团结互助的同事关系会让团队成员心情愉悦，工作更加高效。

德国西门子公司的历代领导者都坚持这样一个信念："一个公司要兴旺发达，每一个员工都必须团结一致，愉快而高效地工作。"和谐的人际关系正是这家历时150多年的著名公司长盛不衰，并保持着强大活力的重要原因。

美国的惠普公司提出"你就是公司"的哲学，使员工与公司心心相印，人企一体。结果是每一个员工都把自己的才干和智慧施展出来，使每一件新的产品都凝聚了每一位员工的才智和汗水，因而使他们获得了成功。

松下幸之助说："事业的成功之首在人和；一群人在一起做事情，最重要的是同心协力，团结一致；公司上下团结一致，朝着共同的目标努力，是企业成功的关键。"

松下幸之助在企业管理中，十分重视"人和"，他认为，当团队内出现矛盾甚至闹得不可开交时，团队的领导都负有解决矛盾、迅速"熄火"的责任。而最有效的方法就是遵循人类心理规律，通过心理疏导，唤起理智感，让矛盾双方自己解决矛盾，并实行自我教育，摆脱消极情绪对心理趋向的左右，在心理相融的气氛中和平解决冲突，化干戈为玉帛。

索尼公司创造的"五间房熄火法"是一种饶有趣味的化解冲突的办法，当员工之间发生矛盾时，闹矛盾的员工需要先后进入5个房间。

第一个叫"哈哈镜室"。满脸怒容的员工进入后，先照哈哈镜，看到哈哈镜中扭曲变形而又怪模怪样的自己，员工会忍不住笑起来，一笑解千愁，在笑声中他们自然消了些气，脸色开始有所缓和。

第二个叫"傲慢相室"。里面有一个橡皮造的塑像斜眼看着你，表示蔑视和看不起，这时工作人员会让闹矛盾的员工拿橡皮榔头去打橡皮造的那个傲慢塑像，让闹矛盾者尽情宣泄还未消尽的怨气，以达到心理的平衡。

第三个叫"弹力球室"。房间内的墙上绑着一个球体，连着强力橡皮筋，工作人员让闹矛盾的员工使劲拉开球后放开，球打在墙上会马上反弹回来，击中闹矛盾者的身体，工作人员会问："你痛不痛？""为什么会痛？"然后告诉闹矛盾者，这叫"牛顿定律"，有作用就有反作用，你去惹人家，人家就会报复你。

第四个叫"劳资、劳工关系展览室"。让闹矛盾的员工认真观看过去劳资方怎样关心劳工以及职工之间互助友爱的实例，以加强对闹矛盾者的心理触动，引导他们反思自己的言行。

第五个叫"思想恳谈室"。经理在此等候，征求双方的意见，看矛盾如何解决。经历了四个房间的员工这时大多已冷静下来，双方一般情况下自然会主动解决矛盾，心平气和地接受批评和进行自我批评。矛盾解决好以后，经理对他们还要勉励一番，并给予物质奖励。

维护团队"人和"的环境，使企业员工在共同价值观念和共同的执行目标基础上，形成相信相存、和谐温馨的氛围，产生出对企业的巨大向心力和认同感。"人和"的团队使每个成员的力量得到有效的发挥，保证了团队的高效执行。

领导要稳　执行要狠

第九章 制胜创新力：

从"高效执行"到"创造性执行"

为什么说执行跟创新密切相关？

没有与时俱进，缺少创新理念，执行只能故步自封，难以进步。

我们不仅仅应当胜任，更重要的是实现卓越。

让员工从事没有趣味的工作是很困难的。公司内的地位、职位、学历、资历等形式上的权威，都会抑制员工创造性的发挥。因此，如何在严肃的气氛中取得宽松感，培养员工的创造性思维和做工作的方法是非常必要的。

执行要适应新环境的转变

在一个不断变化的时代，企业的领导者也必然会不断面对新的工作环境，比如跳槽到另外的一家公司，这时便要求领导者有足够本领，适应这种形势的转变，这种能力也是领导者跟上日新月异的形势、保证组织执行力的一个方面。

到新环境的领导者往往已经具备了一定的管理技巧和管理能力，也有着自己的管理经验，但是这些领导者也会面临新环境给予他们的挑战，这包括新环境和旧环境行事规则差异、内外部环境差异、企业文化差异等许多的新问题。

那么怎样才能避免在新的环境中水土不服呢？可以从以下两方面来做。

1. 了解企业的工作流程，理解企业的行事规则

职业领导者在进入新公司后一般很快会接手新的工作，很多领导者习惯按自己以前的工作习惯和工作经验来处理新的工作，而忽视了新的环境本身的工作流程，这常常使得自己在工作中不断碰壁。融入新环境最重要的环节就是对工作流程的熟悉和把握，以及对企业行事的潜规则的理解，这是一个新的学习过程，职业领导者必须充分了解并理解企业的工作流程，理解这样的工作流程与企业内外部环境的关系，认清企业内部的潜在行事规则。在每一项新工作开展之前，职业领导者有必要向自己的上级或同事询问之前该项工作是以什么样的流程来处理的，有哪些地方需要注意，哪些地方是自己容易忽视的。只有在掌握了企业的工作流程和行事规则之后才有助于自己在最

短的时间内融入企业并开展工作。

2. 接手自己熟悉的工作领域，在短时间内做出成绩

在了解并掌握企业的行事规则后，职业领导者需要在自己熟悉的工作领域内尽快做出成绩，这是获取领导的信任及更大支持的关键。接手新的工作以后，作为领导者有必要征求团队内所有成员对本团队管理的意见和建议，并应迅速使这些意见和建议得到落实。

海尔集团创业之初亏损100多万元，员工不到800人；而现在海尔集团已拥有10个工业园区，其中，海外2个，国内8个（青岛本地1个，国内其他地方7个）。海尔产品现已开发86大系列，13000多种规格。集团每年申请专利600多个，平均每天开发1.5个新产品、申报2.6项专利。

在海尔总部产品展示厅，每件家电样品前面都立有一块牌子，告诉你这件产品诞生的故事。其中很有代表性的一个故事就是："一位北方农民打电话向海尔投诉，你们的洗衣机为什么总是堵？海尔员工下去查看后才发现，原来这些农民把洗衣机用来洗地瓜等蔬菜。他们的第一反应不是笑这些农民'土'，而是认为这是一个新的市场。于是，他们改进了洗衣机的排水管、溢水器及支架，发明了大地瓜洗衣机，这一创新得到了社会的肯定"。

海尔集团对创新的不懈追求告诉我们，只有比别人先想一步，才能赢得竞争的胜利。领导者只有不断提升自己，才能带动整个队伍的不断提高，才能让团队的执行力保持在最佳状态，让企业之轮持续快速地运转。

紧跟形势，与时俱进

领导者加强自己的领导能力建设，是一项长期的重要任务，必须紧跟形势、与时俱进。与时俱进要求领导者在理论学习和工作实践上体现出时代性、规律性和创造性。作为企业的领导者，工作具体、任务繁杂，所以必须不断创新领导方式，提高领导艺术和领导水平；必须不断创新思维方式，在分析问题、解决问题时做到既符合工作实际，又适应形势发展要求；必须不断创新发展思路和发展举措。一个企业的领导者只有始终坚持创新、增强活力，才能带领员工在执行的过程中不断寻求新规律、谋求新思路、解决新问题。

企业的领导者要适应新形势，与时俱进，就必须有如下七个特质。

1. 能集中注意力于真正的大事

企业领导者的首要之务便是能够总览公司事务，掌握优先顺序，然后集中火力把主要精力用于解决最重要的一两件大事上。当企业领导者总能抓住核心问题时，员工自然就会听从并追随你。

企业领导者应该将精力聚焦于公司的宗旨、愿景和目标，以及如何增加公司达到这些要求的能力上，避免背上官僚体制的包袱，也避免陷入细节小事，只见树不见林。

2. 懂得如何把东西卖出去

越来越多的企业领导者出身营销岗位，并非传统的管理专业科班出身。他们具有沟通及说服技巧，而且重视顾客，符合今日的企业环境。其实企业领导者的工作无时无刻都要进行推销。不论是面对客户还是员工，企业领导者都要说服他们接受他的想法或公司的产品。如果一名企业领导者没有销售方面的经验背景，那么他可以考虑接受一些说话艺术的训练。

3. 对财务问题有显著敏感性

企业领导者必须懂得如何看财务报表，并且能够了解数字与公司实际运作之间的关联性。尤其是面对现今竞争激烈的环境，企业领导者可能需要花更多的心思在财务报表上。在阅览这些报告时，不只是守住预算，还要从如何增加经营利润的角度思考财务问题。

4. 具有策略思考能力

所谓策略，就是选定公司想要登上的竞争新舞台，然后建立公司在这个领域的优势。企业领导者必须有能力看出公司在业界或大环境中最适合自己的位置。

5. 能够应变

企业领导者不只要告诉员工好消息也要告诉员工坏消息，领导者还要承认公司的致命伤甚至是失败，以便于做战略与计划的调整。

要改变整个公司业务态势并不是一件容易的事，企业领导者的动作必须要大才能对员工产生有效的影响，面对公司需要进行的改变时，企业领导者要能以身作则，组成合适的管理团队，并且找出公司中最可能支持、反对或影响这项改变的人，分别与他们沟通，发挥他们的功能，减低他们带来的阻力。

6. 企业领导者必须懂得沟通与社团技巧

要善于倾听员工的意见，并且要及时转达领导的意见。因此，要懂得授权、懂得带领团队，要有精力和热情，能够激励自己及员工，能找出团队和员工的共同点，容许分歧的存在，并且及时化解冲突。

7. 有很好的执行力

企业领导者也要有落实计划的能力。要达成这个目的，就必须认定符合现实的目标，分派职责给员工，并且给他们提供达到这些目标的支持和资源。企业领导者还要设定阶段任务时间表，按时检验目标的完成进度，使执行过程保持一致性，并留有必要时进行弹性调整的空间。

发现问题、解决问题

　　发现问题，提出问题，是执行中所不可少的一种态度和能力。在发现问题、提出问题之后，更进一步地分析研究，提出办法，又更进一步地付诸实践，最后解决问题，才算得上将执行落实到位。只有这样，才能充分地体现价值，收到效益。

　　在工作顺利、天下太平，好像没有问题的时候，特别需要善于透过现象发现问题。提出问题，未雨绸缪，推动发展，那是一种能力。探微索隐，寻求问题产生的根源，分析矛盾症结的根本，才能最终彻底解决问题。

　　"台积电"的企业文化可以概括为四个信条：坚持高度的职业道德，维护企业机密，忠于职守，专注于台积电制造服务本业。这四个信条的核心含义就是：忠于顾客、忠于企业、忠于专业、忠于自我。

　　面对企业竞争的细节化，"台积电"的领导者提出了"应该发展确立一个什么样的企业文化观"的问题，在提出此问题、解决此问题的过程中，"台积电"得出了以上结论，并且该结论也极大地促进了企业的发展。

　　现在的制造业都在向服务业靠拢，"台积电"也把自己定义为服务业。因为只有制造和生产而没有服务是不行的，这是观念上的非常大的突破。在国际化的时代，大家都要拓宽视野。因此，他们放眼世界，注意长期策略，追求有序经营。

　　客户是企业的伙伴，"台积电"不再把与客户的关系看成单纯的买卖关系。他们重视长期的合作关系，将顾客当作事业上的伙伴。只有从这个角度来看问题，才能把服务做得贴心而细致。

品质是工作服务的原则，只有讲究品质，才能把服务和工作做好。"台积电"鼓励创新，营造具有挑战性、有乐趣的工作环境，同时，还要营造出那种服务至上的氛围。

"台积电"采用开放型的管理模式，展开主动、积极、热忱、开放的服务，摒弃被动、消极、冷漠、保守的服务态度。此外，"兼顾员工福利，照顾到股东的权益，努力反馈社会"，也是"台积电"的企业文化之一。这些企业文化为"台积电"塑造了良好的企业形象，奠定了顾客满意的基础。

从以上的案例中可以看出，"台积电"正是因为提问，才看出新的机会，新的情况，注意到竞争对手没有注意到的机遇。进而抓住这个机遇，发现竞争空隙，明修栈道，暗度陈仓，出其不意的制胜。

积极提出问题是进行任何创新活动的前提条件。

优秀的企业领导者是靠正确的策略与方法取胜的。正因为如此，思考就是一切正确策略与方法的起源。也就是说，假如你要成功的话，就要去花时间思考一些有效的成功策略。

什么是思考？思考就是问与答的过程。问了一个"什么是思考？"然后答了一个，"问与答的过程"，这就是思考。

问与答，首先是问。有了好的提问，才能产生好的答案，才能完成一个好的思考过程。优秀的领导者之所以做得优秀，有效率，就是因为他们善于向自己提出问题。

我们可以提出几个问题，让大家去寻找答案。比方：

哪些服务是我能提供，而别人无法提供的？

哪些需求尚未被满足？

有什么领域还未被开发？

如何能在我现在提供的服务或产品上增加价值？

有没有更有效的生产某种产品的方法？

某项产品的制造成本还能降低吗？

什么是人们愿意花钱购买，但市场上还没有卖的东西？

对于我们的顾客，我们怎样可以帮上更多的忙？

世界第一名潜能大师安东尼·罗宾，在他的公司陷入财务危机的时候，他不但没有宣布倒闭，反而还向自己问了一个问题："我如何才能做到一天24小时服务？"

对于这个问题，安东尼·罗宾最后想出来了一个解决方法，并做到了有效执行：他制作了一套自学课程，让电视每天通过广告来销售。通过这个方法，安东尼·罗宾也成了世界上收入最高的训练演说家。

创新力与执行力的关系

创新与执行并非是对立和矛盾的，而是一种相互促进的力量。对于一个企业来说，员工层面的创新才是企业创新的源泉。在一些企业，一方面领导者在大谈企业创新的重要性，忧虑员工的创新意识不够；另一方面领导者又在有意无意地压抑员工创新的火花，强调认真执行的关键性。实际上，员工的创新思维是需要精心培养的，在鼓励员工积极参与创新的同时，又需要提高员工对企业的忠诚度和脚踏实地的做事态度。

3M公司共营销60 000多种产品，从砂纸和胶黏剂到隐形眼镜、从心肺仪器到新潮的人造韧带，从反射路标到羊毛肥皂垫和几十种胶条（如创可贴、防护胶带、超级捆绑胶带，甚至还有一次性尿片、再扣紧胶带等等）。3M公司视革新为其成长的道路，视新产品为其生命的血液。该公司的目标是：每年销售量的30%从前4年研制的产品中取得（公司长期以来的目标都是5年内25%，最近又前进了一步），这是令人吃惊的。但是更令人吃惊的是，它通常都能够成功。3M公司每年都要开发200多种新产品。正是这种传奇般的注重革新的精神，使3M公司连续几年都成为美国最受人羡慕的企业之一。

当然，每一件新产品都不是自然诞生的。3M公司努力创造一个有助于革新的环境。它通常要投资约7%的年销售额用于产品研究和开发，这相当于一般公司的两倍。

3M公司鼓励每一个员工开发新产品。其中有名的"15%规则"，就是说每个技术人员至多可用15%的时间来"干私活"，也就是搞个人感兴趣的工作方案，而不管这些方案是否直接有利于公司。当产生一个有希望的构思时，3M公司就会组织一个由该构思的开发者以及来自生产、销售、营销和法律部门的志愿者组成的冒险队。该队负责培育产品，并保护它免受公司苛刻的调查。队员坚持开发产品，直到它成功或失败，然后再回到各自原先的岗位上，继续搞新产品的开发。3M公司每年都会把"进步奖"授予那些新产品开发后3年内在美国销售量达200多万美元，或者在全世界销售达400万美元的冒险队，也正是这种鼓励，使他们创造出了更多的新产品。

3M公司明白，要想获得最大的成功，就必须尝试成千上万种新产品构思。它把错误和失败当作是创造和革新的正常组成部分。实际上，它的哲学似乎成了"如果你不犯错，就不可能做出任何事情来。"但正如后来的事实所表明的，许多"大错误"都成为3M公司最成功的一些产品。3M公司的老员工很爱讲一个化学家的故事：有个化学家在偶然中，把一种新的化学混合物溅到网球鞋上。几天之后，她注意到溅上化学混合物的鞋面部分不会变脏。后来，该化学混合物成为斯可佳牌织物保护剂。

执行力是创新力的基础。一流企业之所以成为一流企业，其基础必须是有执行力，没有执行力的团队，再好的创新构思都无法实施。创新只有在把最基础执行到位的前提下才可以开展，也只有在这个时候的创新才是务实的创新。

现代社会最需要的人才是那种既有创新意识，又有创新能力的人才。他们不仅善于发现问题，而且也善于解决问题；不仅善于独立创造，而且也善于与组织内外的其他人员合作；不仅善于获取和运用新的知识和技能，而且也善于对现有的知识和技能进行局部或全面创新。管理者要抓住多种机会，利用多种形式，从多个方面去激发员工的创新意识，使每个员工始终保持"创造性不满"的进取精神，并充分挖掘和发挥他们的创新能力。所以说，对于企业的领导者来讲，在有效执行的基础上开拓员工的创新思维是非常重要的。

提升创新活力的六大规则

可以说，创新力是执行的灵魂，在执行中不忘创新。在创新思想的作用下如何做得更好，是组织者的综合素质的反映。

缺少创新的思维，就会导致头脑僵化，思想守旧顽固，组织发展也必然缓慢甚至停滞不前。而在执行中如果忽视了创新的重要性，管理者就会陷入一种教条主义误区。所以说，时代的进步，企业的发展，离不开创新。

有一个人曾经问爱因斯坦：思维的特点是什么？爱因斯坦回答说："如果让普通人在干草垛里找一根针，那个人在找到一根针后就不再找了，而我则要翻开整个草垛，把所有散落在其中的针全部找出来。"正是这种由一点出发、持续扩散、不断延伸、深入探索和力求创新的思维方法成就了爱因斯坦。

在一个竞争日益加剧、领导模式日新月异的时代，没有创新就没有生存。领导必须实施种种规则，创造出极具创新意义的组织机构，才能拥有一流的执行力。

创新为执行增添了活力和动力。以下是提升创新活力的六大规则。

1. 像细胞一样分裂再分裂

对于一个机构而言，如果一家公司不再像细胞一样分裂，其创新就会受到抑制，发展也会缓慢下来。

当原版音像公司刚刚显露出发展停滞的迹象时，总经理理查德·布兰松就让副总经理、销售副经理和营销副经理组成了新的领导班子，他甚至安排他们到新的办公楼上班。一夜之间，这些人不再是副经理，而摇身一变成了负责人。他们把原版音像公司发展成了全世界最大的独立录制公司。

分裂推动创新的优势很多：

（1）它可以把人力和财力从桎梏中解放出来；

（2）它为具有创业精神的人才提供机会；

（3）由于规模较小、目标集中，各部门经理和顾客的距离更加接近；

（4）权力的分散可以阻止单位内部的自相残杀，将潜在的威胁及早铲除。

2. 推崇转悠管理

R·克罗克是"麦当劳"的创造者。有一段时间，"麦当劳"没有获取多大的经济效益。经过仔细考察，克罗克发现造成公司效益不佳的一个重要原因是公司各部门经理躺在椅子上聊闲天儿，摆官架子，却很少发现工作中存在的问题。

针对这样的情形，克罗克想出了一个点子，他把所有经理的椅子靠背都锯掉。开始众人不理解老板的良苦用心，慢慢地，大家领悟到是老板要让他们走出办公室，深入基层，开展"转悠管理"。

后来，麦当劳公司渡过难关，开始赢利，最后快速扩展，以致麦当劳成了美式速食的代名词，克罗克也被企业界誉为"没有国界的麦当劳帝国国王"。

转悠管理，又叫漫游管理或巡回管理，是成功领导者常常采用的一种管理方法：所谓"转悠"，就是领导深入基层，了解实情，明察秋毫，就地解决问题。

今天习惯坐在办公室听听汇报、打打电话、发布文件的领导已经越来越少了。他们把"走出办公室"作为自己的信条，身先士卒，而且严格要求手下的中下层管理人员也"走出办公室"，多到基层去办公。

3. 激励每一个员工去创新

组织创新活动，合理安排知识共享和知识分配，并促进价值分配与知识创新的一致性，保证对知识创造做出巨大贡献的员工受到报酬和精神激励，这就是管理的任务。

诺基亚公司领导世界通讯的潮流，不是凭借它雄厚的物质资源，其主要依靠的是旗下拥有的平均年龄才32岁的知识精英，这些年轻人总在不断地调整自己、改革自己、创新自己。

在以知识为主导资源的企业中，知识已不同于工业经济时代那样作为物质资本的从属而存在，新经济时代的知识不但会影响到物质产品的生产，而且其本身还会计入经济财富之中。

4. 重视每一个设想

所有人员都以同样的方式思考，这是非常危险的现象。要让自己的组织永远具有创新设计能力，就应该重视每一个设想。比如可以鼓励成员以创新的方式来思考，以不同的观点来处理问题、反映问题，这样，便可以创造出许多新的机会，得到新的理解和学习，打开眼界。

3M公司是一个综合经营的大公司，它的成功发展，在于它对每一个新的构思、设想都保持浓厚的兴趣。

3M公司的发明家澳可为扩大公司主要产品——砂纸的销售额费尽了心机。一天他突发奇想：为什么不把砂纸当作刮胡子刀片的替代品卖给男人们？男人们能把胡子轻轻刮掉又不必冒着被锋利刀刃划伤的风险，那该多好啊。后来，澳可虽然没有发明出擦胡子用的砂纸，却从自己的设想中研制出了耐水砂纸，这个产品被汽车制造业广泛使用。

3M公司始终保持着锐意创新的精神，它曾推出过一个引人注目的产品目录，从不干胶贴到心肺治疗仪器，竟达6万多种。据统计，公司年度销售额的30%左右来自近5年内开发出的新产品。

5. 不断质疑眼前的行为

洛克菲勒初入石油公司工作时，既没有学历，又没有技术，因此被分配去检查石油罐盖有没有自动焊接好。这是整个公司最简单、枯燥的工作，人们戏称这连3岁的孩子都能做。

每天，洛克菲勒看着焊接剂自动滴下，沿着罐盖转一圈，再看着焊接好的罐盖被传送带移走。或许是接触的时间长了，一天，洛克菲勒发现，每焊接好一个罐盖，焊接剂要滴落39滴，而经过精确计算，实际只要38滴焊接剂就可以将罐盖完全焊接好。

经过反复测试、实验，最后，洛克菲勒研制出了"38滴型"焊接机。这就是说，用这种焊接机焊接每只罐盖比原先节约了一滴焊接剂。可是，就是这一滴焊接剂，一年下来却为公司节约出5亿美元的开支。

年轻的洛克菲勒从此迈出走向成功的第一步，最后成为世界石油大王。一个只会跟在人家后面跑，学人家穿衣裳，盲目地接受人家的价值观念或主张的人，决不能成为一个领导者。

6. 发挥鲇鱼的促进效应

日本三泽之家公司老板三泽千代治说，一个公司如果人员长期固定，就缺乏了新鲜感和活力，容易产生惰性，因此有必要找些外来的"鲇鱼"加人公司，制造一种紧张气氛，使企业生机盎然，活力四射。

三泽千代治经过长期考察，发现许多企业基本上由三种人组成：

（1）必不可少的将才，占总人数比例的23%；

（2）勤勤恳恳工作的人才，占总人数比例的65%；

（3）整天无所事事的废才，约占总人数比例的12%。

怎样使第一种人、第二种人增加，第三种人减少甚至从公司彻底消失呢？三泽受"沙丁鱼事件"的启发，于是决定运用"鲇鱼效应"，他从外面聘请一些精明能干、思维敏捷的25岁～36岁的生力军充当"鲇鱼"。为了充分发挥"鲇鱼"的促进效应，三泽公司甚至聘请常务董事一级的"大鲇鱼"来放电，让公司上下的"沙丁鱼"都有触电的感觉，这样公司就始终充满生机和活力。

做好创新人才的资源配置

员工是企业创新的主体，如何调动员工的创造性，是加强团队执行力的关键所在。其中，做好创新人才的资源配置计划，是作为管理者应该加以重视的。

创新人才的人力资源配置计划，就是根据企业技术创新的近期和远期目标，确定创新人员的需要情况并进行配备的过程。对于具体的创新活动来说，其人员更多地是来自于企业内部而不是从企业外招募，这是与其他部门或人员配备所不同的。

任何一项创新活动，其组成人员要按照分工的原则而承担不同的任务，充当不同的"角色"。因此，在制订或执行创新的人力资源计划时应遵循以下原则。

（1）由于创新过程中每人承担的任务不同，因此，对每个人的品质、知识以及技能的要求也有所不同，他们之间应该保持一个适当的比例。

（2）有时某些人可以充当的不只一个重要角色。在创新过程中减少风险的最佳候选人可能不是杰出的科学家，而通常具有多种经济和技能的人员要比某一方面的专家更合适。

（3）随着时间的变化，某一角色也可由不同的人来充当，也就是说，在创新过程中有人员的变更，包括退出和进入创新组织。

（4）每个人充当的角色可以与他原来的职业不同。

从总体上来说，创新人员可以分为创造性的和非创造性的，其余的可以称之为助手。在西方企业的创新组织中，这两者的比例是1：2.5。因此，这两类人对于创新都是必需的，只是前者更具有创造性而已。创造性人员又可以分为提出问题和解决问题两类，显然前一类人员对创新来说更为重要，提出问题的能力使他们认识到别人尚未认识到的问题并能正确估计其重要性，即意识到问题是一回事，意识到问题的创新价值又是另外一回事。在提出问题的人员之中，把他们分为发现者和发明者，其主要区别在于发现者的主要兴趣在于"为什么"，而发明者往往更关心"怎么办"。

从上面对参与创新人员的分类中，可以看出如果掌握一定的规律，就能对创新人员的配置有一个整体性上的把握。对于整个创新活动来说，目前公认的最关键的人员就是提出问题的人员。更具体地说，是创新的倡导者，因为倡导者不但要具备深厚广博的技术背景，而且还要了解企业的发展战略和经营方向，同时还要谙熟市场动向，在商业上比较敏感，最重要的是还要具有强烈的进取心。

在创新人员的配置过程中，无论这些人员是来自企业内部还是外部，都要经过一定的挑选，这不仅是因为创新的不同角色要保持适当的比例，更关键的是要考察人员本身的品质、素质、技能和知识水平能否胜任创新工作。

世界第一大材料制造企业瑞侃公司的首席执行官P.M.Cood说："我可能花10%的时间来招聘、面试和培训，对于技术职位的候选人来说，通过10轮面试并非罕见。"在这家高技术公司中的30%的员工拥有博士学位，由于公司的人力资源计划执行得非常严格，所以在过去的15年中，瑞侃公司的销售额平均每年递增15%。

在一个鼓励创新精神的企业中，对于创新活动的参与往往是积极主动和自愿的，企业员工对创新活动的积极参与为创新人员的挑选提供了很大的余地，由此可以在企业中形成创新活动的良性循环。

让创新性建议得到顺利执行

如果在公司中有一种很有创造性的建议被提出，那么，这条建议的创造性越强，越是出人意料，效果和影响力越大，它所受到的抵制就越大，反对的人就会越多。而杜绝这种创新性建议被抵制的现象，有助于将创新力与执行力迅速融合并发挥作用。因此，要想做到有效执行，就要解决创新性建议遭到抵制的这个难题。

通常，人们的创新建议被抵制出于以下三个动机：人类所具有的留恋过去、希望维持现状而不希望改变旧事物的想法；由于缺少经验，对搞好新事物没有信心；对别人的新颖构思感到嫉妒。

这三个方面是人们抵制创造性建议的内心想法。由于建议抵制者认为这种思想不仅自己有，而且他人也有，所以要使这种抵制带上正当的色彩，他们往往不好意思公开表现出这种内心的想法，所以就用各种各样的理由进行抵制。首先提出要考虑一下"那种事情能否成功"。自己缺乏让建议实现的自信心，也不准备在建议上下工夫，并提出以下理由以削弱建议者的锐气。

（1）"建议是不可能实现的。"

无论从理论上还是经验上看，都是不可能实现的；

即使理论上可能，设想也过于激进；

设想的前景美好，但实行起来问题很多；

反对那样做的人很多，很难受到欢迎；

其他公司不得而知，我们公司是不行的；

没有人手、资金和时间，结果建议将因能力不足而无法实现；

以前曾经试过，但行不通。

随后，如果建议者说明建议能够实现，抵制者就会提出以下批评，强调建议的实行是无意义的。

（2）"即使能够实现，其结果如何也是令人担心的。"

没有效果，只是无价值地浪费时间；

能否收到最好效果是令人怀疑的；

即使成功了，也落后于时代。

如果不能顺利实现，就是一个责任问题。抵制者说出以上理由的目的在于掩盖自己缺乏自信的事实。

如果创造性建议的抵制者知道这条建议的确有实现的可能性和有值得一干的意义，他们可能有这样一种心理定式：他们迷恋于自己的范围、过去的习惯，固执于维持现状，不想付出辛苦给予新的建议。他们为了掩饰自己故步自封的内心，会进一步提出以下看法。

（3）"那种想法一开始就是轻率的。"

那是"随便想到的"；

为时过早，时机尚未成熟；

如果是那样的好东西，其他人理应也在做；

对结局的调查不充分。

为了打击建议者的积极性，抵制者往往又会提出："再进一步慎重考虑一下"或者是"充分研究一下"，也有可能表示不采用建议而采取避开问题或转移话题的做法。

即使这样，如果建议者仍然努力说明时机是恰当的，调查和研究也很充分，而且强调成功之后会取得很大效果，通常的抵制者就会不由自主地表现出一种嫉妒心理。每当其他人提出好的想法，他们就有意识地加以诋毁。因为他们不好直接对此加以驳斥，所以就从各个辅助的方面进行刁难。

人类的本性会以各种各样的形式表明不赞成来自创造性的新设想，因此，在充满这种抵制气氛的地方，想要发挥创造性是难以想象的。即使创造性的设想成为事实，周围的人也决不会轻易地表示肯定。

即使反对的理由肯定是正确的，也不要认为原来的想法就没有希望了。怎样做才能消除反对的理由呢？这需要自己来研究、探讨。总之，各种抵制创造性建议的说法是一种没有表现出来的本性的感情流露，即使从理论上打破其反对的理由也还不够。所以，对这一问题的解决就需要用强大的意志力，千方百计地说服周围的人们，让周围的人们认识到应当去引导这一建议取得成功。

营造有利于创新的环境

很多管理者认为，如果周围存在着不喜欢创新的情绪或阻碍创新的制度，执行力的强弱也必然会大受影响。组织的创造性消失了，团队成员执行的热情和积极性也逐渐被磨灭。因此，为了扫除一切阻碍创造性发挥的障碍，营造有利于创新的环境是很有必要的。营造创新环境可以有如下几点建议。

1. 要创造一种完全不使用反对语言的气氛

如果公司内有人不注意而使用了反对语言，就告诉他无论谁都要注意相互之间不要使用那种语言，而且有必要预先把这些反对语言作为公司的警句，并且通过公司内部的杂志或布告告诉大家。

2. 管理人员不能耍权威

如果管理人员权威主义严重，总是对员工发出生硬的命令，员工创造性很快就会消失，而且不再会出现。创造性对权威的承受力是很弱的，管理人员无论是对多么微不足道的建议，也应当抱着"听一听"的心情去接纳建议者。为了发挥创造性，管理者应当常常是乐观的，努力支持这个建议，起码要让周围的人了解建议实现的可能性，这才是真正的"激励"。即使在管理人员热心支持也清楚地表明该建议不能实现的情况下，建议者也会由于感到管理者的热情关怀而必定发誓要在下次机会中提出价值更高的建议，在发挥创造性上奋发努力。千万不要忘记，对于创造性的发挥来说，上级的态度既可以成为很大的障碍，也可以成为很大的鼓励。

3. 打破不利于创造性建议发挥的制度或规则

即便管理人员对创造性建议非常支持，往往也会因为存在着各种限制提出创造性建议的思想自由的制度或规则，从而给创造性的发挥造成很大的障碍。许可是权威的产物，人与人的差别观念窒息了思想的自由，这会导致员工对提建议处在欲说不能的状态中。

4. 启发员工自己去做

由单方面指挥、控制进行管理的原则，无论是采取强制的办法还是温和的办法，在激励上都是不充分的。一方面，这种方法是立足于人的，这种要求在今天已经不能成为活动的重要动机。另一方面，单方面的指挥、控制，对于激励以社会需求和自我需求作为重要需求的人们来说，本来就是无益的。所以无论强硬的方法还是温和的方法，在今天都无法顺利实施。

如果人们被夺走了在工作岗位上满足重要需求的机会，则他们的行动很有可能呈现出以下特征：懈怠、缺乏责任感、附和流言蜚语、提出不合理的经济要求等等，结果管理者就像是被自己张起的蜘蛛网阻碍了一样。

由单方面指挥、控制的管理既是硬性的，也是严格的。然而，即使能够用公正的方法加以实施，但对于那些生理及安全的需求已得到适度满足，而对社会的、自我的、自我实现的需求要求强烈的人来说，指挥、控制也不是激励的有益方法。

受需要层次论的启发，赫茨伯格建立了一种关于人的管理工作的另外一种理论，这就是把人性与人的激励放在更正确的假设之上的理论，这种理论敢于启发更广阔的方面。

赫茨伯格认为，成长的可能性，承担责任的能力，让行动趋向于组织目的的精神准备，这些全部存在于人类本身之中。管理者不是要把人们带向某个方面的人，他的责任是认识、启发那种使员工自己这样去做的人类特性。管理的重要工作是协调组织环境与运营方法，这样，人们就会把自己的努力投向组织目的从而能够最大限度地实现自己的目的。

5. 树立尊重人性的观念

必须在经营水平上首先确立信赖员工的观念。管理者关心的不是怎样使用人，而是怎样做才能使人自主地高兴地工作。无论管理者还是同僚之间，都理所当然地必须为促进人的创造性而努力。但是，对于企业来说，如何把这种思想具体化为方法，是一项非常困难的课题。在组织制度上可以采取工作丰富化、弹性工作时间、更多的员工福利等等方法。

人不拘泥于既有的概念，不辞劳苦地为革新发挥创造力，这是与自己成长或自己能够成长这一目标结合在一起的。这就是在工作中引发自信的东西。一个组织是否充分发展了这一人类的本性，是判断是否有效地利用了那个人还是埋没了那个人的重要标准。

由此便可以认为，组织通过进一步从人的方面努力改善组织的环境、气氛，就会逐步形成"以尊重人性为基础的自由气氛"。

6. 建立自由信息交流的场所

自由交换信息是人类能够区别于其他动物的重要条件，从这一点上考虑，自由谈话或自由交换情报也就成了工作岗位上的一个大问题。在人的方面发生的许多问题，往往可以从信息交流不充分中找到原因。

就是从这一点上考虑，在组织的顺利运营上形成确定的周到的情报交流方法是不可缺少的，特别是上司与员工能够进行直率的对话显得尤为重要：比如建立不拘礼节的房间或实行开门办公制等，也可以考虑在自己所担负的业务之外建立自由发表意见的机会。自由的信息交流是创造的食粮，是形成自由的企业气氛所必须的条件。

突破思维的墙，提高创新力

开拓员工的创新思维，提高员工的创新能力，是提高员工执行力的一个重要措施。对于一个领导者来说，开拓员工的创新思维，可以从以下几方面来实施。

1. 让员工了解自己的企业

鼓励员工创新的首要前提就是让员工了解自己的企业。虽然说员工一直在企业中工作，对自己的工作环境和工作任务都十分熟悉，但对企业的经营战略和发展规划并不一定会熟悉。由于企业和外界环境都在不断地发生变化，企业的战略及规划也要根据环境的变化而变化，如果领导者不把这些变化的信息及时地传达给员工，或许员工就会慢慢地落后于公司的发展了。

2. 区分创新意识和创新内容

在一个企业中，或许员工的创新型建议，有90%是不切合实际的。实际上不仅员工是这样的，经营者的创新想法同样也是这样。领导者如果能够理解了这一点，那么就没有必要抱怨员工的创新不切合实际了。领导者之所以要保护员工的创新，就是因为剩下的10%（甚至更少）的创新火花就足以让企业保持发展的活力了。

3. 客观评价员工创新活动

一个领导对员工创新型建议进行实事求是地评价，体现了对员工的尊重。这种尊重本身就表示了对员工创新活动的支持。领导者要避免走入另一个极端：过分担心打击员工创新的积极性，对一些自己并不十分认同的建议大加赞赏，虽然员工信心十足地去实施，但后果并不理想，或者得不到进一步的人力、物力支持，这样员工就会产生一种被愚弄的感觉。

4. 鼓励工作以外的创新

对于员工所提出的创新型建议，领导者并非一定要局限于自己的工作职责之内，实际上每一个员工都有跨越自己工作限制、了解其他领域的愿望。在员工完成本员工作的前提下，允许员工做一些他们自己感兴趣的事情。员工对其他工作提出的创新型建议，由于考虑问题所处的角度不同，或许就会给公司带来意想不到的收获。员工提出本职工作以外的创意，同时也体现出员工对公司的关心程度。

5. 采取多种活动鼓励创新

如果企业还没有形成创新的氛围，领导者也可以采取一些行动来鼓励员工的创新：比如公司可以设立创新奖，用来奖励那些为公司提出优秀创新建议的员工；还可以组织一系列的讨论活动，让大家就各自的工作提出改进建议。

在开展活动之前，可以首先让管理者之间对员工创新的意义达成共识。没有这种共识，形式再好的活动也会失去意义。

6.领导者需要激发员工的思想、热情和责任感

在大多数公司内部，如果员工有一个新的点子，一般情况下，只有顶头上司一个人可以倾听你的观点，这是由公司的管理制度所决定的，或者公司有一个创新孵化体制，你还可以向它求助。但是在更大的世界里，有一个市场是为创新思想而存在的，有点子的人们可以到那里去释放和成就自己的点子。在公司内部，创造市场的一个途径就是对那些有100 000美元以上预算的人表达你的创新点子（在大公司里有很多人有100 000美元以上的预算）："你可以把你预算的0.5%、1%或3%用来投资，这样，每年你都可以成为公司里你感兴趣的项目的完美投资者。"

当然，在较小的投资上花费的大量时间和精力会扼杀你的创造力，有时甚至只为了一个产品原型，你也要花费一个月和项目组的成员交谈以激发他们的灵感。为创新点子创造一个市场虽然不能完全卸掉这个负担，但是肯定能大大减轻负担。

知识创新是执行力的基石

在执行中创新，有助于组织发现新问题，产生新思路，提出新观点，寻找新办法。

只有充分认识到创新在执行过程中的重要作用和意义，营造有利于创新的环境，培养创新精神和思维，才能保证组织决策科学，执行高效。

1. 知识创新是培养创新思维的基础条件

日本企业家稻盛和夫说："无论是研究发展、公司管理，或其他的任何方面，活力的来源是人，而每个人有自己的意愿、心智和思考方式，如果员工本身未被充分激励去挑战成长目标，当然不会成就组织的成长、生产力的提升和产业技术的发展。"

知识创新型组织的成功建立，离不开个人创新性的学习。个人学习是组织学习的前提，没有个人学习，组织学习也就如水上之浮萍，失去了成长的基础。

马斯洛的需要层次理论将人的需要分为金字塔式的五个等级，即生理需要、安全需要、社会需要、尊重需要和自我实现的需要。

学习的奥秘在于自我尊重，这主要集中在六项关键要素上：生理上的安全感、情感上的安全感、自我认同感、归属感、胜任感和使命感。

拿破仑说："不想当元帅的土兵不是好土兵。"同样，不想成为最好员工的员工不是好员工。

没有人天生就是最好的，而在知识迅速积累、传播、更新的知识经济时代，也没有人能永远是最好的。所以，最好的员工是不断地学习造就的。最好的员工，其实也就是最宝贵的财富——人才。

2. 让工作成为生命中的一种乐趣

美国保险公司总经理欧文认为，在学习创新型组织中，员工追求自我价值的实现只是完成了初步发展阶段，企业不仅要有伟大的目标，还要让工作成为生命中的一种乐趣。他说："我们鼓励员工从事自我实现的探索，因为对个人而言，健全的发展成就个人的幸福。只寻求工作外的满足，而忽视工作在生命中的重要性，将会限制我们成为快乐而完整的人的机会。"

能让员工长时间毫无怨言地工作，是微软总裁比尔·盖茨的过人之处。对微软公司的员工来说，"工作即是欢乐"，已经是一种被普遍认同的价值观。在公司，比尔·盖茨本人对工作的狂热态度带动着员工工作的热情，同时也让他们感到了工作的压力。微软公司北京代表处的第一任总裁杜先生曾说："在微软公司，工作压力十分大。刚来公司时，很少晚上在9点前回家。"虽然工作压力大，但微软公司员工的流动率却很低。因为在微软，它的员工感到自己正在领导时代。微软公司的管理风格，简单而言，就是在不断的压力下与不断的动力中成长。压力刺激灵感，同时也变成了员工们的动力。

比尔·盖茨不断将自己和员工逼向极限，使微软公司和全体员工一起接受挑战，一起成长，一起享受领导时代的成就感。

3. 实现知识共享

不少的领导者越来越重视在组织中不断开展团队学习，达到组织内部知识共享，让大伙儿在组织这个大家庭里成长、成功的目的。日本东芝公司总裁西室泰三曾说了这样一段话："我们东芝公司的职工是一个大的家庭，大家是因为各种各样的缘分进入到了东芝，一起工作，一起学习，一起成长，一起共享知识的乐趣。所以大家必须共同努力，来追求共同的幸福。不只是东芝员工的幸福，同时我们必须时时考虑到东芝公司之外的社会上所有人的幸福。我认为这一点非常重要。"

　　学习创新型组织中的知识共享就是让人们明白：知识只有成为全体成员所共享的财富，才更具有生产力。

增强学习力，推进执行力

如今，"不需要创新，只需要老老实实地做事"这种观念显然已不符合时代发展的要求了。在"人人讲效率、处处重执行"的战略目标要求下，不仅要老实做事，而且也需要创新。否则就会被时代所淘汰。

怎样在做事的过程中融入创新思想？其中关键的一点是增强自身的学习能力。领导者要使员工总是有一种对于新事物的饥渴感，让每个人早上睁开眼睛就跃跃欲试地想学习，从而使学习成为一种在进步道路上的驱动力。

1. 学习能力是提高执行力必备的技能

知识经济引发的不只是认识论的革命，它也带来了学习上的革命。OECD（即经济合作与发展组织，简称经合组织）的报告指出："在知识经济中，学习是极为重要的，可以决定个人、企业乃至国家经济的命运。"现代意义的知识是信息与人类认知能力的结合。客观的知识仅仅是外在的信息，它不能直接形成生产力，只有当其内化为生产者和管理者的学识后，才能转化为现实生产力。就本质而言，知识经济所带来的学习上的革命，乃是一种知识的创新。

壳牌石油公司总裁曾经说："唯一持久的竞争优势，或许是具备比你的竞争对手学习得更快的能力。"《财富》杂志也有类似的话："抛弃那些陈旧的领导观念吧！21世纪最成功的公司，就是那些建基于学习型组织的公司。"

2. 只有增强学习能力，才能适应时代的变化

知识经济时代，世界更加复杂多变。只有增强学习能力，才能适应时代

的变化。任何单位都不能再只依靠像福特那样伟大的领导者一夫当关、运筹帷幄和指挥全局。未来出色的领导者，乃是能够用学习创新来凝聚组织的人。

这里需要澄清的是，管理学上所说的学习，不同于在校学习，它首先是一个有特定业务组织的学习，一种对既有状况不满足的心理状态，一种对组织既成的基本假设、它被认为是理所当然的管理理念、是组织成员逐渐养成的思维方法的反省和调整能力，其次它才是技能的学习。

3. 学习是使公司取胜的重要因素

杰克·韦尔奇认为，学习能够持续不断地提高公司的基本智力，它是公司取胜的因素。同时，要启发人们去学习，因为他们从学习中获得的兴奋和能量是巨大的——这是使一个组织变得精力充沛的好办法。

4. 以学习为核心，以创新为指向

一个组织具有竞争优势的基本战略，乃是以学习为核心，通过领导者和员工共同努力，使组织成长。营造一种使员工沉浸其中的学习氛围，使组织成为一个以创新为指向的学校，使工作成为一种被支付报酬的学习，这将成为当代领导的首要工作。

如果一个组织的成员（包括领导、员工）都是沉浸在学习中的人，那么这个组织就不必担心执行力得不到提高。